L'IMAGE MENTALE

AUTRES OUVRAGES DU MÊME AUTEUR

Recherches psychométriques sur l'influence de la distraction chez les hystériques (J. Philippe et V. Henri, in : *Travaux du Laboratoire de Psychologie Physiologique*). Paris, F. Alcan, 1892.

Lucrèce du IIIe au XIIIe siècle. Un vol. in-8°. Paris, Leroux et F. Alcan, 1896.

La conscience dans l'anesthésie chirurgicale (*Revue philosophique*, mai 1899).

Technique du chronoscope de d'Arsonval pour la mesure des temps psychiques. Un vol. in-8°. Paris, C. Naud, 1899

La croissance physique chez l'enfant (*Revue encyclopédique*, juin 1900)

CHARTRES. — IMPRIMERIE DURAND, RUE FULBERT.

L'IMAGE MENTALE

(ÉVOLUTION ET DISSOLUTION)

PAR

Le Dʀ Jean PHILIPPE

Chef des travaux au Laboratoire de Psychologie Physiologique
à la Sorbonne

AVEC GRAVURES DANS LE TEXTE

PARIS

FÉLIX ALCAN, ÉDITEUR

ANCIENNE LIBRAIRIE GERMER BAILLIÈRE ET Cⁱᵉ

108, BOULEVARD SAINT-GERMAIN, 108

—

1903

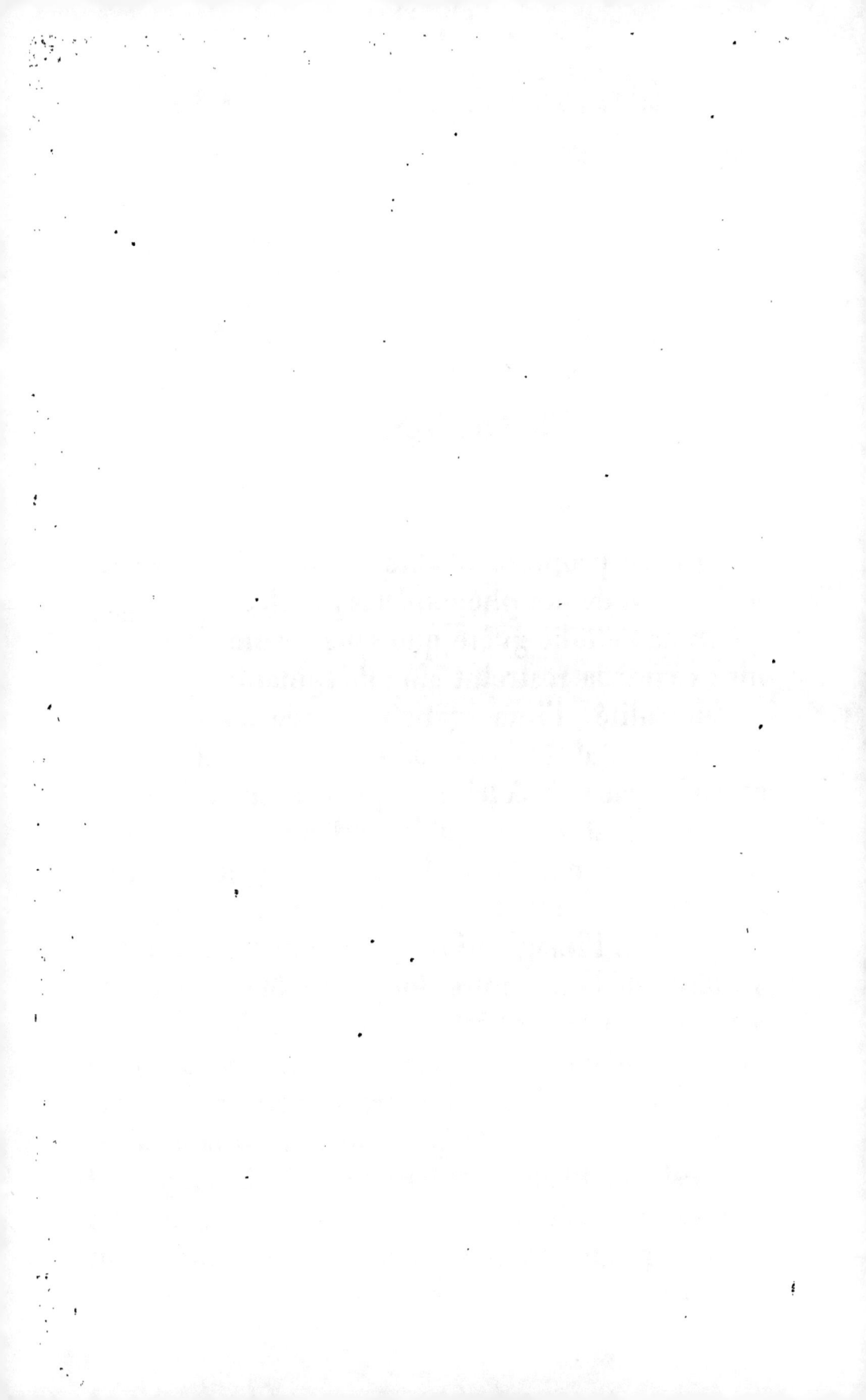

L'IMAGE MENTALE

INTRODUCTION

L'image proprement dite est peut-être le plus mal connu de nos phénomènes intellectuels, parce qu'on ne l'étudie guère que sous forme de souvenir : ce qui la restreint singulièrement.

En réalité, l'imagination exerce dans l'organisme mental trois fonctions bien différentes : reproductrice, créatrice, représentative. Ce dernier acte est d'ailleurs le seul qui lui soit autonome : il constitue le fond même de son activité.

En effet, l'imagination reproductrice n'est que servante de la mémoire, tout son rôle se bornant à lui fournir la matière du souvenir, la représentation mentale que nous avions autrefois marquée d'un signe pour la reconnaître au retour. En cela, rien d'autonome ni de primordial ; au contraire, tout est secondaire et subordonné. — S'il n'y avait rien de plus, l'imagination n'aurait donc aucune activité propre et nos images ne seraient qu'un

produit secondaire. Quel est, en effet, leur véritable
rôle dans nos souvenirs? Celui d'un simple
substrat ; et si l'on doit écrire (étant données nos
conditions mentales) qu'il n'y a jamais de souvenirs sans images, ajoutons bien qu'il ne suffit
pas d'évoquer une image pour obtenir un souvenir.

Cette activité reproductrice n'est donc qu'une
partie inférieure de l'imagination, dont il faut
chercher ailleurs la fonction propre.

Est-elle dans l'activité créatrice, fort mal explo-
rée jusqu'à ces dernières années ? Sans doute il
n'est pas un traité de psychologie qui n'en ait
fait mention : volontiers même quelques-uns
auraient déclaré (après avoir confondu l'imagination reproductrice avec la mémoire) que cette
force créatrice est la seule qui exprime vraiment
notre activité imaginative.

Cependant, malgré quelques intéressantes mo-
nographies, sur ce point tout était si bref et si
vague que l'on eût été fort embarrassé de vérifier
si les véritables images sont celles que nous fabri-
quons de toutes pièces. L'*Essai sur l'Imagination
créatrice* est venu dégager la question et montrer
comment peuvent se former en nous des images
nouvelles qui ne soient ni marquées pour la mémoire ni simplement représentatives : mais des
produits du désir, du sentiment, de l'instinct, etc.
secondés par une imagination qui n'est alors ni
reproductrice ni représentative. De quoi résulte un

fait sur lequel M. Ribot n'insiste pas : c'est que
cette imagination créatrice exerce encore ici un
rôle secondaire, puisqu'elle fournit la matière aux
œuvres d'une autre faculté.

Dès lors, il faut chercher ailleurs qu'en ces
deux fonctions secondaires, l'acte propre de l'imagination.

Nous le trouverons enfin dans ses fonctions
représentatives, dont le souvenir et l'invention
ne sont que les dérivations complexes, nées de la
coopération de plusieurs activités. Étudions donc
l'imagination représentative directement, si nous
voulons la voir elle-même et vivante, au lieu de
ne l'apercevoir qu'en reflets. Toute autre forme
d'activité lui est secondaire, parce qu'aucune image
ne peut réapparaître en souvenirs ou se dissocier et
s'associer en créations nouvelles, avant le jour où
l'organisme mental fut assez fort pour former des
représentations.

Au vrai sens du mot, l'imagination est l'activité qui réalise sous des formes mentalement perceptibles, les résultats de nos impressions sensorielles, actuelles ou anciennes. Façonnée par
cette activité, hors de toute ingérence étrangère,
l'image n'est ni un souvenir ni une invention :
c'est une simple représentation, une *image* au sens
élémentaire et primitif du mot.

Ainsi envisagée, l'image nous apparaît toute

différente de ce que l'on a coutume de décrire sous
son nom : elle est, dans la complexité de notre
organisme mental, une sorte de cellule vive qui
conserve sa vie à travers des transformations multiples et diverses. Loin de la figurer comme aussi
immuable que le souvenir, lequel ne dure qu'à con-
dition de rester toujours le même ; loin de la voir
aussi mobile et instable que l'invention, toujours
en mouvement jusqu'à ce qu'elle se fixe en une
représentation précise, il faut voir en elle l'élément
le plus actif de notre mentalité, mais toujours main-
tenu par ce qui l'encadre. — Et précisément parce
qu'il est à la fois le plus actif et le moins logique
de nos états, c'est peut-être celui dont la variabi-
lité relative réalise le mieux cette comparaison au
vivant, et dont la pleine connaissance importe
plus qu'une autre pour pénétrer le mécanisme de
la pensée.

C'est l'idée que l'on retrouvera constamment
dans ces brèves études : nous avons essayé d'y
prendre sur le fait un acte propre, une manifestation vivante de la vie de l'esprit, et de l'exprimer
en termes assez précis pour être vrais, assez clairs
pour se suivre aisément. Si nous n'y avons pas toujours réussi, s'il y a parfois des redites et des
retours, des points vagues, des questions encore
indécises, que le lecteur se rappelle combien toute
forme vivante est mobile et protéique, échappant
à ceux qui la veulent enserrer, lors même qu'ils
avaient cru mieux la tenir. Du moins nous sommes-

nous efforcé, ne pouvant viser à être complet,
d'être toujours exact.

Le premier chapitre est consacré à l'analyse
de la simple image représentative. Sous sa forme
élémentaire, cette cellule psychique est en réalité
aussi complexe que la cellule physiologique.

Quoiqu'elle offre toujours les caractères atté-
nués d'une représentation objective, aucune image
n'a été façonnée de toutes pièces au moment où
naquirent en nous les contours de son objet. Loin
de là, c'est au contraire le résultat d'une double
mise en œuvre : d'un côté les éléments qui préexis-
taient en nous et pouvaient servir (ayant déjà
servi) à nous présenter l'objet actuel ; de l'autre,
quelques éléments tout à fait neufs, produits immédiats des impressions ou des sensations présentes,
et qui donnent à la représentation son caractère
de vie extérieure, et à la perception son objecti-
vité. De ces deux, ce sont certainement les premiers qui l'emportent en nombre. L'apport sensoriel est ordinairement d'autant plus réduit que
la mentalité est plus élevée : l'intelligence comprend à demi-mot, parce que la masse des éléments
représentatifs vient de nous-même, fournie par les
résidus antérieurs qui se sont accumulés, façonnés,
précisés durant toute la suite de notre vie mentale.
Chaque perception ou représentation est donc à la
fois l'aboutissant et le produit de toutes nos représentations antérieurement analogues : en sorte

qu'elle résulte évidemment de notre activité imaginative si on la considère comme représentative ;
c'est pourquoi, si chacun prenait la patience de
compter les images dont il se sert, il les verrait, suivant l'expression des mathématiciens, en nombre
fini, et probablement peu élevé. S'il reprenait
ensuite chacune à part et l'examinait en détail, il lui
trouverait toute une histoire, qui remonte ordinairement jusqu'aux origines de la vie mentale.
Cette image, au cours des périodes qui forment
les époques de notre vie mentale, a varié profondément — comme un vivant — ; elle s'est déve-
loppée de certains côtés, et, en d'autres, diminuée ;
elle a été souvent restaurée, remaniée, étayée :
comme ces vieilles demeures familiales où des
générations viennent tour à tour ajouter une
aile, surélever un étage, retrancher un pignon,
au gré de leur besoin, chacune imposant à l'édifice sa marque. L'habitation ainsi remaniée n'a
plus, rien de logique, mais ceux qui l'habitent
telle quelle, s'y trouvent bien, l'ayant faite commode et rompue à tous leurs usages. — Ainsi de
nos images.

C'est ce continuel travail de mise au point pour
les besoins de nos opérations mentales, qui nous
permet de réduire sans cesse le nombre de nos
images, lequel tend toujours à augmenter. Le
second chapitre expose le mode de ces réductions
nécessaires. Conçoit-on en effet ce que serait une

pensée de qui la mémoire garderait impitoyable-
ment toutes les représentations nouvelles, tout ce
qui s'est fait en elle depuis un jour, un mois, des
années? C'est bien assez qu'il en reste trace dans
ce que nous appelons l'inconscient : aller plus
loin serait nous condamner à l'impuissance et
nous rendre tout fonctionnement cérébral impossible. Comment en effet se retrouver dans une pa-
reille masse, chercher un souvenir dans cette
confusion mentale, extraire une idée générale de
tous ces éléments dont aucun ne se voudrait diminuer? Aussi est-il nécessaire, comme nous le
montrons, que nos images qui, d'un côté, aug-
mentent constamment, soient, de l'autre, sans
cesse diminuées par effacement, par fusion ou par
synthèse. C'est le premier pas vers la généralisation.

En même temps cela explique pourquoi ce
composé mental est si instable et sujet à variations;
reste à montrer, dans un dernier chapitre, le
comment.

Puisque aucune de nos images représentatives
ne se forme tout entière d'un seul coup, puisque
nulle n'est un bloc homogène, puisque chacune
résulte d'apports successifs et subit tantôt des additions et tantôt des retranchements, n'est-il pas
naturel et même nécessaire qu'elles se modifient?
Le contraire se comprendrait malaisément.

Et, de fait, il est très facile de leur reconnaître,

lorsqu'on les examine bien attentivement, une tendance à se modifier dans un certain sens, à l'exclusion des autres. Tout ce qui cadre avec cette orientation est bienvenu : tout ce qui s'y oppose est éliminé peu à peu ; et c'est sous ces influences et dans ce sens que se font tous les remaniements dans la composition de l'image, toutes ses transformations. Ainsi chacune exprime et synthétise les tendances et la direction personnelle de notre individualité mentale, dont l'image n'est qu'un épisode et un cas particulier, reflet de la mentalité tout entière. Car tout se tient dans la vie de l'esprit comme dans celle du corps, les diverses formes de notre pensée n'étant pas plus indépendantes les unes des autres que les diverses fonctions de notre organisme.

C'est à ce triple point de vue qu'il faut constamment se placer pour étudier nos fonctions représentatives et leur produit, l'image. Celle-ci, comme un vivant, naît et s'adapte au milieu, se transforme et meurt ; elle reflète la vie générale de l'esprit ; mais elle a l'avantage d'être le plus conscient des phénomènes qui l'expriment, et celui, par conséquent, où il nous est le moins difficile de la prendre sur le fait. La vie de nos images mentales nous est constamment apparue en étudiant, dans les trois chapitres qui suivent, leur nature, leur nombre et leurs transformations ; et nous aurons donné l'impression que nous désirons si ces études réussissent à faire sentir que nos images, loin d'être des souvenirs figés, ne sont ni mortes ni immuables. Très vivantes, elles évoluent sans cesse, comme tout ce qui vit, n'ayant rien de cette immobilité catégorique qui est la première négation de la vie et peut-être aussi de notre pensée.

Matour, septembre 1902.

———————

CHAPITRE PREMIER

ANALYSE DE L'IMAGE MENTALE

Les traités de psychologie distinguent généralement trois sortes d'images, lesquelles se différencient par l'origine et les caractères de leurs
éléments constitutifs. En effet, les unes proviennent
de sensations, ou (pour mieux dire) de perceptions
visuelles dont elles paraissent la rémanence : et
c'est pourquoi on les nomme visuelles. Pour des
raisons analogues, tout un autre groupe d'images
s'appellent auditives. Quant aux images motrices,
leur complexité même empêche d'en préciser les
origines, qui restent vagues comme tout ce
qu'exprime ce sens de nos mouvements diffus en
tout l'organisme ; mais peut-être, si on les con-
naissait mieux, faudrait-il y voir de simples
ébauches, et l'état naissant d'images à devenir les
unes visuelles et les autres auditives.

Ce côté, d'ailleurs, importe peu ici, où ce n'est
pas le moment d'examiner à fond cette classification, adoptée simultanément et pour des motifs
différents, par les médecins et les psychologues.
Notons cependant qu'elle suppose d'avance réso-

lues deux questions capitales ; celle du contenu mental de l'image et celle de sa correspondance représentative. Ces deux questions, difficiles et complexes, ne datent pas d'hier dans l'histoire philosophique ; les anciens métaphysiciens s'y heurtaient ; la plupart des psychologues modernes (surtout s'ils sont encore pénétrés de kantisme) préfèrent les tourner avec élégance. Cette classification leur en donne toute facilité, car elle permet de considérer, malgré la théorie des réducteurs, chaque espèce d'images comme reflet ou résidu de sensations correspondantes ; l'image paraît ainsi une reproduction atténuée ou même une photographie lointaine des objets extérieurs.

Pour incliner davantage encore à cette formule, on cite à plaisir quelques exemples où l'image ne serait en effet qu'un cliché de perceptions antérieures qu'elle a reproduites trait pour trait : tel le cas du peintre capable de faire de mémoire un portrait. Ce cas particulier est exceptionnel, de l'avis même de ceux qui le mirent en circulation : n'empêche que l'on en tire des conclusions générales et considère volontiers cette anomalie comme l'idéal auquel devraient tendre toutes nos fonctions imaginatives.

Cette opinion, qui est aussi celle du sens commun, se fût sans doute modifiée si l'on avait mieux connu et analysé de plus près les exemples de ce genre. Peut-être alors (comme nous l'avons vu chez un peintre dont la mémoire visuelle est légendaire), ces images réputées si précises avant l'examen, auraient été vues se développer peu à peu, se faire morceau à morceau, par une lente et longue élaboration qui amène chaque détail successivement d'une obscure virtualité à la clarté des représentations mentales.

En effet, ce qui résulte de l'observation attentive, c'est que nos images quotidiennes, loin d'apparaître en tableau qu'on découvre d'un seul coup, doivent être patiemment reconstituées comme une mosaïque en débris ; chaque fragment une fois mis en place, marque la place d'un autre qu'il faudra chercher et retrouver : et dans ce travail de patiente restauration, il faut pouvoir ainsi tirer chaque détail, les uns après les autres, de l'inconscient où ils dorment et d'où les éveillent ces appels répétés. C'est pourquoi ceux qui possèdent cette extraordinaire faculté d'évocation la doivent avant tout à une très grande habitude, à un soin menu d'assembler de partout tous ces morceaux d'images et de retrouver, à force de patience, leur place dans la mosaïque. Et cependant, ceux-là sont déjà des privilégiés ; cette rare faculté d'évocation, ils la tiennent d'une nature heureuse cultivée à force d'art.

Que sont donc les images des autres, le commun des mortels ? Nous voilà loin de ces théories chères à l'opinion commune et même à quelques psychologues. Faudra-t-il maintenant aller à l'extrême et convenir, sans plus, que nos images

mentales sont ordinairement si vagues et impré-
cises qu'on n'en peut même pas dessiner une
ébauche ?

Le seul moyen de choisir entre ces théories
adverses est de retrouver par une exacte analyse
les éléments constitutifs de l'image.

Pour cela, les images visuelles se prêtent mieux
que toutes autres à l'examen, étant les plus faciles
à étudier, et aussi les plus aptes à se traduire en
langage.

I

Une image n'est pas un état mental à définir d'une formule unique. Quand on cherche à le saisir, on s'aperçoit vite qu'il n'existe pas un seul type mais, au contraire, une profusion de ces états : les uns analogues entre eux, d'autres dissemblables. Analogies et dissemblances classent cette foule en groupes plus ou moins épais et plus ou moins homogènes, où l'on distinguera d'emblée, sans définir déjà les éléments que nous analyserons plus tard, deux sortes de caractères très généraux. C'est d'un côté, l'âge de l'image marqué par sa date d'apparition, et, de l'autre, l'étendue même occupée par ses éléments en l'espace où nous la situons, en souvenir des perceptions originelles.

D'après leur âge, on peut classer les images en trois groupes : quelques-unes très anciennes ; d'autres toutes récentes et parfois immédiates ; enfin, entre deux, la masse innombrable d'images plus ou moins banales dont nous nous servons tous les jours.

Les images immédiates, ou d'origines tout à fait récentes, ne forment jamais un groupe fort nombreux. La raison en est facile à saisir. Ce sont des représentations mentales qui prolongent en quelque sorte nos dernières perceptions, une fois éteinte leur impression sensorielle ; elles sont alors en nous-même, et à vif, une rémanence aussi complète que possible de l'expérience d'où nous sortons : quelque chose d'analogue à des images consécutives qui persisteraient une fois les yeux fermés. Seulement la rémanence est toute mentale, quoiqu'elle garde encore presque un lien apparent avec ses sources objectives et conserve pour nous toutes ses marques d'origine.

Mais cette forme immédiate et tout actuelle est trop liée aux éléments sensoriels pour occuper longtemps la conscience. De même qu'elle avait chassé celles qui la précédèrent, elle est à son tour, dans la perpétuelle instabilité de la conscience, poussée par celles nouvelles qui viennent s'organiser à la place des précédentes. Elle tombe alors dans la classe moyenne ; cependant que d'autres suscitées par les perceptions actuelles ou rappelées de souvenirs antérieurs, viennent prendre sa place dans la conscience. Elle, désormais, se perd dans l'indécision mentale de ces états qui, sans nous être immédiatement présents, restent néanmoins toujours à notre disposition.

Cette classe moyenne est un terrain vague où il y a de tout, étagé depuis ces images encore liées aux perceptions originelles jusqu'aux copies les plus lointaines.

Ces dernières, d'un extrait de naissance maintenant si vague que nous n'y lisons plus d'indications précises, forment la troisième classe, le terme extrême où se perd toute origine. Au point de vue qui nous occupe, ces formes ultimes ont peu d'importance. Revenons donc à la classe moyenne, la plus nombreuse, celle où s'exercent le mieux les activités imaginatives.

C'est là que les images paraissent réellement vivre pour elles-mêmes et par leurs propres forces. Elles sont le fond où nous puisons, pour nos autres images ou pour nos perceptions nouvelles, car l'adulte, ayant peu de perceptions complètement neuves, acquiert généralement peu d'images nouvelles. On perçoit comme on lit, sans suivre tous les détails d'un objet, ni épeler toutes les lettres d'un mot. Il suffit de cueillir au vol les points de repère indispensables pour identifier ou reconnaître l'objet, le mot dont nous avons besoin, et dont nous possédions d'avance, en images, les éléments essentiels. Ces images, qui forment en nous la classe moyenne des représentations mentales, sont notre réserve d'états imaginatifs : états ni tellement anciens qu'ils n'aient plus aucun lien avec leurs perceptions d'origine, ni tellement immédiats qu'on y sente encore l'impression sensorielle. Pour elles il nous suffit d'un vague rappel qui n'en esquisse que les grandes lignes : elles sont une supposition plutôt qu'une perception neuve, étant très rare que les opérations courantes de la vie mentale nous obligent à changer quelque chose à ce que nous connaissions déjà, ou à façonner de matériaux qui n'aient jamais servi, une image toute neuve. C'est pourquoi, dans les images de cette classe, l'analyse va nous montrer tant d'éléments étrangers. A force de nous en servir et comme elles roulent sans cesse à droite et à gauche, frottées ainsi à d'autres images, elles ont ramassé de-ci, de-là, quantité d'autres éléments qui n'appartenaient pas à leur perception primitive, mais s'y fondent si bien qu'ils semblent maintenant faire intégrante partie de ses éléments constitutifs. — Nous aurons à insister sur ce point dans l'analyse des éléments.

*
* *

A un tout autre point de vue, on peut considérer l'ampleur même de nos images mentales et les grouper d'après leur étendue, ou la superficie qu'elles couvrent en cet espace mental où s'opèrent nos associations et consécutions d'images.

Ainsi envisagées, les images peuvent se répartir en trois séries : d'abord les simples, à limites très étroites ; puis celles d'assez grandes dimensions, desquelles, néanmoins, un seul regard embrasse facilement toute la surface ; enfin, celles qui sont vraiment trop étendues pour en prendre conscience d'un seul regard : celles-ci, il faut (quoique nous en connaissions bien l'unité) les parcourir en déplaçant le coup d'œil mental,

pour faire le tour de l'ensemble, comme si elles
étaient composées d'images juxtaposées suffisant
chacune à occuper tout un regard.

Les premières, précisément à cause de leurs
limites étroites, se sont imprimées en nous presque
sans mouvements, sans que nous les ayons par-
courues du regard ni choisi entre leurs éléments ;
leur simplicité a fait leur cohésion. Ce sont des
blocs assez compacts, où pénétreraient diffici-
lement des éléments étrangers, dont le besoin ne
se fait d'ailleurs pas sentir. Leur acquisition ou
leur évocation ne demande même pas .deux
moments, tant elles sont simples.

A l'opposé, les représentations composites
offrent un tout autre aspect : leurs parties juxtaposées occupent une telle étendue qu'on ne les
peut mentalement envelopper d'un seul regard.
Il faut les détailler, en transportant successivement d'une partie à l'autre l'attention qui fixe.
Cela tient-il à ce qu'il fallut primitivement, pour
arriver à cet ensemble qui totalise, regarder chaque
fragment l'un après l'autre ? Sans doute. Et cela
explique peut-être pourquoi cette même représentation, quand l'esprit veut ensuite la ressusciter, se
représente avec trop d'étendue pour un seul regard.

Essayons d'évoquer, par exemple, l'image du
boulevard Saint-Germain, après l'avoir parcouru
en tous sens assez souvent pour en faire une image
nette, exacte et fidèle. A première vue, cette image

paraît très simple : j'en connais à la fois l'ensemble et les points principaux, et m'en puis représenter en détail tel ou tel fragment, aller en pensée du pont Sully à celui de la Concorde ou même inversement. Cependant un examen plus attentif montrerait que cette image n'est ni simple, ni complète, ni cohérente. Je ne puis, d'un seul coup d'œil mental, embrasser toute l'étendue de ce boulevard, parce que je n'en ai jamais, d'un seul coup d'œil réel, reçu la perception organique. L'étendue mentale de cette image déborde mon regard de conscience, comme son étendue matérielle dépassait ma vision organique. Et pour la parcourir, si j'en veux voir l'ensemble, il me faudra déplacer successivement mon regard de l'un à l'autre des fragments dont la juxtaposition constitue une image continue. Car cette image, de par sa provenance même, malgré l'apparente unité de l'ensemble, est composée de fragments aussi discontinus que mes perceptions originelles ; malgré la précision que je veux bien attribuer à tout cet ensemble, le raccord d'une perception à la suivante ne s'est pas toujours fait exactement ; entre ces divers fragments, aux endroits où s'est arrêtée chaque perception fragmentaire, il y a maintenant des vides et solutions de continuité. Ainsi, j'ignore totalement quelle façade s'étend de tel endroit à tel autre ; quelle suite de magasins remplit l'intervalle entre deux points dont j'évoque facilement l'image. Et quant à la vision totale,

que je me figurais d'abord posséder, je vois bien
que je ne l'ai pas, car je ne l'ai jamais eue. Seul,
un aperçu panoramique aurait pu me la donner
et souder tous ces fragments en unité; l'ensemble
serait alors soit un plan, soit une vue perspective.
Mais ce ne serait plus la vague forme représentative que je possède, et qui reste vraiment trop
loin de la réalité pour embrasser tous les fragments de mes perceptions successives.

On voit par là combien ces images sont à
l'antipode des premières, dont la simplicité excluait
tout élément composant.

Entre ces deux groupes extrêmes est la masse
d'images communes à l'usage de la vie courante
et dont nous pouvons facilement embrasser d'un
coup d'œil l'ensemble et quelques détails. Leurs
dimensions ne sont cependant pas assez étroites
pour que l'attention, c'est-à-dire la conscience,
puisse directement fixer tous leurs détails à la
fois et regarder sans déplacement leurs minuties
et leurs contours. Aussi ne donnent-elles à première vue qu'une impression générale, qu'il faut
approfondir quand on veut préciser, mais qui
suffit, telle qu'elle, à l'usage courant de notre vie
mentale. A cause même de ces dimensions, qui
les rendent très faciles à manier, ce sont nos
images les plus usuelles et probablement les plus
nombreuses ; c'est parmi elles que nous choisirons
nos exemples.

II

Ces images moyennes constituent la réserve
d'éléments représentatifs toujours prêts à subvenir
à nos opérations mentales ; elles s'échangent à
travers nos souvenirs et nos associations d'idées,
comme des monnaies banales que nul ne songe
à vérifier. Cependant, si nous en arrêtions quelqu'une au passage, pour l'immobiliser comme
devant un objectif, dénombrer ses éléments et
enfin chercher son individualité, quelles seraient
alors nos constatations ?

En d'autres termes, que donnerait l'analyse
d'une image mentale ?

C'est ce que nous avons cherché en demandant
à quelques personnes de décrire aussi précisément
que possible certaines de leurs images mentales,
et nommément une page de livre, à leur choix,
et un monument de Paris, l'église Notre-Dame.

Ceux que nous avons ainsi interrogés appartiennent, malgré la diversité des milieux, à peu
près au même niveau mental : deux médecins,
un peintre, un avocat et deux étudiants en psychologie. Nous avons arrêté la série au moment
où les observations se superposaient et ne donnaient, sauf quelques menus détails, plus rien de
neuf. C'est alors qu'il faut passer à l'examen défi-

nitif des documents ; en continuant d'accumuler des matériaux, on risquerait d'écraser sous la surcharge la solution qui commence à se dégager et à prendre forme.

Dans la recherche d'une image à décrire la première impression est presque toujours l'embarras de choisir entre toutes celles qui se présentent et arrivent pêle-mêle devant la conscience. Elles sont trop, et la difficulté n'est pas d'en apercevoir une, mais de fixer, en l'immobilisant pour la détailler à loisir, cet état aussi instable que le monoïdéisme. Dans leur continuel défilé, ces représentations, trop nombreuses, passent trop vite devant la conscience ; c'est du moins ce qu'il semble et que nous croyons volontiers.

En réalité, cette mobilité ne tient-elle pas à de tout autres causes? N'est-elle pas le fait de la conscience qui regarde plutôt que celui de l'image? Et n'est-ce point faute de savoir appuyer son regard que l'attention quitte une image pour se porter à la voisine, tout aussi vague, d'où elle passe à une autre, et ainsi de suite. Ce ne sont pas les images, c'est nous qui nous mouvons ainsi.

Lorsque nous aurons enfin réussi à fixer une image à l'exclusion de toute autre, et ainsi fixée, à la détailler, que constaterons-nous?

Ses divers éléments se présentent d'abord sans ordre ni enchaînement logique, et leur description

commence au hasard, par un point quelconque
de l'image, et continue de même ; si bien qu'en
relisant, ce désordre, même dans l'image la plus
simple, frappe d'emblée comme si la description
reflétait maintenant à son tour l'allure du défilé
mental, durant l'évocation de l'image. C'est
pourquoi l'on a d'abord l'impression d'un simple agrégat en désordre et l'on attend, pour
classer ces éléments épars, un examen plus attentif de chaque image et sa comparaison avec d'autres de même espèce. C'est peu à peu seulement
que l'on va distinguer, dans cette masse confuse,
comme des couches superposées d'alluvions marquant les formations successives : chaque image,
en roulant de-ci de-là aux hasards de notre vie
mentale, a fait boule de neige et peu à peu
ramassé de tous côtés des éléments divers qui se
pénètrent les uns les autres maintenant que nous
regardons sa forme actuelle. Telle qu'elle, c'est
un produit de formations successives.

Elle n'en paraît pas moins homogène et d'individualité bien définie, et quand nous l'évoquons pour
quelque opération mentale, alors elle se présente
sans trace de ces formations successives, comme
une compacte unité. Mais l'attention analytique
découvrira ces traces qui s'estompaient à première vue : elle va reconstituer l'histoire de cette
image, trier à part chacun de ces éléments agglo-
mérés et remonter de lui, s'il est possible, jusqu'aux origines.

Toute image est faite de deux séries d'éléments distincts : les uns forment le corps même de l'image, le noyau central où elle s'est préparée, d'où elle est née, et par lequel elle vit ; ils sont sa nature propre. Les autres sont comme des vêtements, ses accessoires devenus nécessaires, qui l'habillent, la complètent et la préparent à son rôle dans ce monde d'images où elle va circuler et agir. C'est grâce à ces derniers qu'elle peut facilement prendre part à nos opérations mentales et participer à la vie de l'esprit. Et cependant ces éléments ne font pas réellement partie d'elle : on la pourrait concevoir sans eux réduite à sa nature propre et sans aucun accessoire : mais elle serait alors si peu qu'à peine on pourrait se la représenter, perdue dans l'organisme mental. C'est pourquoi, en fait, ces vêtements extérieurs lui sont inséparables, et pour les en dissocier, il faut les procédés factices de l'analyse. Commençons celle-ci par ces éléments extrinsèques.

Ils peuvent se classer sous trois chefs : tout en dehors, la couche extérieure, qui fut apportée par raisonnements ou associations, grâce à des sortes d'inférences ; puis, juste au-dessous, d'autres éléments encore étrangers à l'image proprement dite, mais qui y prennent place simplement parce qu'il faut, là où ils sont, quelque chose de leur genre : enfin, aux frontières mêmes de l'image et sur ses limites, les détails généraux

qui lui appartiennent déjà en propre, sans néanmoins être réservés à elle seule ; leur généralité
même les fait convenir à d'autres images en même
temps qu'à celle-ci.

I. — De ces trois sortes d'éléments, les plus
extérieurs, et dont le rôle est d'autant plus considérable que l'image est plus ancienne, sont bien
plus logiques que représentatifs et ne tiennent
guère à la vitalité même de l'image, quoiqu'on
ne les en puisse désagréger sans danger. — Les éléments propres de l'image sont essentiellement
représentatifs et ils se présentent directement à la
conscience ; au contraire, pour ceux que nous
examinons maintenant, c'est un intermédiaire
rationnel qui les évoque et les fait réapparaître.
Cela ressort bien de la façon même de les dési-
gner ; car la description que l'on en donne abonde
de ces expressions : « Il *doit* y avoir..., je *sais*
qu'il y a .., c'est ainsi parce que je sais que..., je
ne les vois pas, mais, dans ce cas, il y a toujours...,
c'est surtout la raison plutôt que la vue. » Tout cet
ensemble d'appréciations se résume très bien en
ces mots : « Ceci, ce n'est plus de la mémoire :
c'est logique [1]. »

Rien de plus typique que de telles expressions
pour montrer comment, à son insu, celui qui dé-

---

1. Mémoire désigne ici, pour celui qui parle, l'image ; sans
quoi il faudrait dire au contraire : c'est de la mémoire parce que
c'est logique

crit l'image en répartit inconsciemment les éléments et, par l'expression même dont il les désigne, assigne à chacun sa place. Est-ce à dire que ces éléments faisaient partie des perceptions initiales de l'image? Ou lui furent-elles rajoutées après coup, mais dans un passé si lointain qu'on l'oublie ? Bornons-nous à constater qu'on les lui attribue maintenant parce qu'ils semblent parfaitement cadrer à l'ensemble de l'image et logiquement lui convenir, telle que nous la concevons.

Ce qui nous guide, ce sont donc ici des raisons de convenances mentales, qui, elles, n'ont d'ailleurs rien à voir avec la résurrection de la perception initiale elle-même, car elles sont bien plutôt l'expression d'un travail logique qui suit les besoins d'une certaine symétrie et s'opère en deux sens. Tantôt il est négatif, consistant à luxer de l'image certains détails plutôt qu'à lui adjoindre encore d'autres éléments positifs ; ainsi l'on dira : « Cet article n'est pas signé de R... parce que je sais que ce n'est pas lui qui écrit les petits articles... je sais qu'il y a là des gargouilles, mais comme je ne vois (*mentalement*) que des gargouilles de livres, je ne les rapporte pas à Notre-Dame... là, je devine, je ne vois pas : il y a là de l'invention, ou plutôt la connaissance ordinaire du texte me fait vous dire cela... » — Tantôt il y a vraiment substitution d'un élément à l'autre, et le logique supplée le représentatif; ce dont on ne se cache nullement quand on énonce certains détails, en déclarant qu'on ne les voit pas, mais qu'il est logique qu'ils existent à la place où on les suppose et que « c'est la raison plutôt que la vue qui fait parler ainsi... qu'il y a là une part de raisonnement, etc. »

Rien, en cela, ne procède du rappel des perceptions originelles qui ont fait l'image : tout y marque au contraire un effort de raisonnement et l'intervention d'une activité tout autre que celle qui nous sert à imaginer. Volontiers nous dirions que l'image, à ces frontières extrêmes, dépend déjà d'autre chose que de l'imagination, ou que celle-ci travaille sur ces éléments comme la raison sur les éléments logiques : et peut être est-ce par là que nos images deviennent aptes à d'autres associations et prêtes à jouer leur rôle dans la masse de nos opérations mentales. Tant il est vrai que tout se tient dans la vie de l'esprit, qu'on n'y peut rien isoler absolument.

II. — A côté de ces éléments, si peu représentatifs, nous allons en trouver d'autres tout à fait figuratifs, et maintenant intégrés dans l'image, mais qui n'appartenaient à aucun titre à sa perception originelle. Ce sont des éléments rajoutés après coup, pour les vides à combler et les absences dont l'oubli nuirait à la bonne contexture de l'image : ce ne sont, en somme, que des bouche-trous.

Comment les avons-nous rajoutés à l'image ?

D'où viennent-ils ? Ce serait maintenant fort difficile à préciser, car nous les avons empruntés à droite et à gauche, un peu partout. Sans doute, au moment de l'appel, ils étaient à la disposition de n'importe quelle image de leur genre, n'étant incorporés à aucune. Notre attention les a vus, adoptés et versés dans cette image qui demandait à être complétée. — Au hasard ? nullement, car l'esprit semble bien suivre ici ce même besoin d'ordre et de symétrie dont nous parlions plus haut et qui paraît nécessaire à son orientation à travers nos pensées. L'exemple en est typique, dans les deux cas suivants, où le procédé est pris sur le fait, ceux qui parlent s'en étant eux-mêmes rendu compte : « Voilà, dit M. E. G..., après avoir silhouetté l'église Notre-Dame, tout ce que je puis vous dessiner : j'ai très mauvaise mémoire, d'ailleurs, et quand je ferme les yeux un moment pour retrouver, c'est un autre monument que j'imagine : ainsi en cherchant cette porte de cathédrale, c'est une autre que je vous dessinerai. — D. *Comment expliquez-vous cela?* — Tout simplement parce que je complète malgré moi les parties que je ne vois pas par des choses qui me semblent en harmonie avec le reste, par besoin de symétrie, qui est poussé chez moi très loin. — D. *Vous apercevez-vous que vous complétez mal?* — R. Oui, très bien. Ainsi, pendant que vous complétiez sur le tympan[1]

---

1. J'avais ajouté quelques indications au dessin pour voir si s'éveilleraient des souvenirs plus précis.

j'avais complété par le Couronnement de la Vierge, de Fra Angelico, sachant très bien qu'il n'est pas là. Je crois qu'en fait, il y a là un Christ en croix avec deux personnes, à moins qu'ils ne soient sur la porte de gauche. Mais c'est plus probablement au milieu. Je pense à ce qu'on pourrait y mettre, ne sachant pas exactement ce qui y est. Il y a deux choses qui me paraissent logiques : un Christ en croix ou la Cène. Mais je suis absolument certain que la Cène n'y est pas. — D. *Comment faites-vous le départ entre ce qui est réel et ce que vous imaginez?* — R. Lorsque je me représente ce qui est réel, et que j'ai de la difficulté à me le représenter, il se produit un moment de fatigue : je cherche, je ne conçois pas l'objet sans quelque chose : immédiatement il y a une image qui vient là ; je ne l'ai pas imaginée, je puis l'avoir vue ailleurs, mais ce sera toujours quelque chose qui cadrera avec le reste. »

N'est-ce pas un phénomène du même genre qui se passe chez M. E..., quand il nous dit : « ... ce n'est pas de la réflexion, mais de la mémoire visuelle. Peut-être est-ce un souvenir transplanté, car, en réfléchissant, j'ai vu le souvenir d'une autre page que j'ai transplanté ici. — D. *Pourquoi?* — R. Parce que mon attention a été attirée, ma mémoire sollicitée par le chiffre, et que j'ai vu un en-tête de page. — D. *Vous aviez besoin de cet en-tête de page et vous l'avez mis là?* — R. Non : le numéro de la page était là ; mais il m'a fait voir une chose qui, d'ordinaire, n'est pas à la tête de cette page : je vois la page même, sans en-tête ; mais au moment où j'ai réfléchi au numéro de la page, il s'est fait un en-tête. »

Que l'on relise attentivement ces passages : et l'on verra comme ils caractérisent le mécanisme d'introduction, dans l'image, — aux endroits à remplir, parce que quelque chose y manque, — de ces éléments étrangers nécessaires pour la compléter ; et l'on s'expliquera facilement le pourquoi de phrases comme celle-ci : « Je vois la page même, sans en-tête ; — mais au moment où j'ai réfléchi au numéro de la page, *il s'est fait* un en-tête... »

III. — Maintenant, avant d'arriver à ce qui constitue la nature propre de l'image, et avant d'abandonner ce que nous avons appelé son revêtement extérieur, il faut traverser une zone intermédiaire, véritable ligne de démarcation, occupée par des éléments en quelque sorte négatifs. Ce sont, dans la contexture même de l'image, des vides restés vides, des places neutres, des absences dont le lieu et l'étendue sont apparents et nettement marqués, mais où n'a pu s'exercer la faculté de combler les vides dont nous parlions plus haut. A ces endroits, non seulement il n'y a rien mais encore si l'on y voulait glisser quelques fragments étrangers, comme cela s'est fait dans les exemples précédents, alors le reste de l'image refuserait de l'accepter. Ce n'est pas que l'on ignore qu'il

exista là primitivement un détail ou quelque caractère ; mais cette réminiscence ne sert qu'à exclure
de cette place ce qui ne convient pas.

Il est impossible, quelque effort que l'on fasse,
de retrouver les éléments originels d'où cette impression dérive, et qui seuls pourraient combler
ce vide. On voit tout autour : là, tout en sachant
très bien qu'il y a quelque chose, on ne voit rien :
« J'ai beau chercher à dessiner, dit M. S..., je ne
vois pas. Au-dessus est la grande rose de la nef ;
mais je ne vois pas ce qu'il y a à droite et à gauche ; je ne vois pas. » « Il y a, dit M. L..., une partie
que je ne vois pas : je retrouve là la colonnade,
puis une partie qui m'échappe, et enfin le portail...
Il y a là des détails, mais je ne sais lesquels...
je puis supposer une rosace, *mais c'est supposé...* »
« Ceci ne commence pas la page ; c'est vers le
tiers, un peu plus : au-dessous, la page, à plus de
moitié, est prise par une note en fins caractères
(c'est peut-être de la reconstitution) : au-dessous,
je ne vois rien, etc. »

Notons bien qu'il ne s'agit pas ici d'espaces nus
comme la marge d'une page, l'intervalle entre
deux paragraphes ou les blancs d'un cliché : ce
sont de vrais vides, des trous dans la contexture
de l'image, des endroits où manquent des détails
qui se sont perdus et que nous ne pouvons ni
voulons suppléer. C'est quelque chose d'analogue
lorsqu'on cherche à rappeler dans un souvenir un
point que nous savons exister, mais qui échappe.

Cet état d'esprit tout particulier tient-il à ce que nous nous sentons ici plus près de l'image en elle-même et ne voulons pas la déformer en y risquant des éléments étrangers ? Peut-être : en tout cas, il reste là, en deçà des éléments logiques ou surajoutés pour la symétrie, un espace intact, une sorte de lieu intermédiaire entre le factice et le réel de l'image, une place de démarcation vide et nue. Par delà ce désert commence un monde nouveau.

Une fois franchie cette zone extérieure où tout est fait d'apports successifs, vous arrivez à l'image proprement dite, à ce qui provient directement des perceptions anciennes, sans altérations ni modifications par suppléments apportés du dehors. Là seront encore trois séries d'éléments qui, selon l'image dont il est question, tantôt se présentent nettement et tantôt n'apparaissent que fort indistinctement :

I. — Ce qui apparaît le premier, quand on cherche l'image elle-même, c'est une espèce de silhouette, ensemble ou masse dans lesquels s'esquissent rapidement les grandes lignes, et où se fixent peu à peu les contours et les points principaux. Rien n'est encore précis : c'est un ensemble vague ; cependant l'image se distingue déjà par là de toute autre analogue ou voisine. Elle acquiert déjà son individualité, un peu comme se dégagent, la perception se précisant à mesure qu'on approche, les principaux repères d'un objet vers lequel nous marchons. L'évocation des détails se fait à l'approche de l'objet.

Il semble d'ailleurs que beaucoup de nos images évoquées débutent à paraître par ces vagues contours d'une silhouette. Sans doute, il y a des cas où l'on retrouve d'abord des fragments plutôt que l'ensemble de l'image ; mais nous commençons presque aussi souvent encore par l'ensemble : témoin les expressions caractéristiques de masse, silhouette, etc., qui reviennent souvent à ce moment de la recherche, « Pour · moi, dit M. B. A..., je suis frappé avant tout par des masses, par des ensembles ; Notre-Dame me frappe comme une masse dans l'air, dessinant d'une façon à la fois vague et précise deux énormes tours, à droite et à gauche : ensuite, entre les deux tours, un clocheton qui s'élève loin derrière... Je vois l'ensemble absolument ; j'ai dans l'œil une masse : je puis, en fermant les yeux, rattraper la silhouette générale de Notre-Dame, sur une place blanche, et surtout la couleur. Mais je n'ai pas la mémoire individuelle de Notre-Dame : ce n'est pas une photographie que je pourrais dessiner, ce n'est pas comme les chiffres dont je vous parlais tout à l'heure [1]... » S'agit-il d'évoquer une autre image, celle d'un

---

1. V. l'exemple cité p. 40

article par exemple, on voit à peu près la place que cela occupe, la forme que cela a, s'il est plus large que long, ou inversement, etc., sans d'ailleurs avoir un souvenir aussi précis des environs de l'article que de l'article lui-même — « … Je ne vois rien, dit M. M…, je vois seulement en marge le blanc du bas de la page, les petites lignes en caractères plus fins qui les forment, le grain du papier, qui est un peu soyeux (duveté) avec des barbes sur le plat des feuilles; je ne suis pas capable de lire, je retrouve la silhouette seule. » — Ce dernier mot revient si souvent que nous devons le considérer comme une caractéristique mentale : il rend d'ailleurs parfaitement l'impression éprouvée lorsque commence à paraître l'image dont on cherche en soi les traces lointaines et il exprime bien qu'à ce moment, on ne voit ni par fragments ni par détails : mais par l'ensemble. Ainsi, pour une page de livre, on la voit par sa surface paginale, et non par l'impression ou les figures qu'elle porte : et pour les autres images les déclarations sont analogues.

Ajoutons qu'il s'adjoint volontiers à tout cela un certain sentiment comme celui dont parle Flournoy à propos des schèmes où la mémoire étaye ses souvenirs. Parfois même on y retrouve, comme dans ces schèmes, l'influence de certaines colorations qui ravivent et soutiennent l'image: « Ce qui me frappe surtout, m'est utile, c'est le gris jaunâtre brun de la pierre : je crois d'ailleurs que les couleurs me servent généralement beaucoup pour les souvenirs : c'est cette teinte que je vois; je me sers d'une silhouette remplie par cette coloration comme d'un découpage sur carton peint. Quand je pense à Notre-Dame, c'est une masse énorme que je vois, une impression de puissance avec deux tours, et puis la coloration [1]. »

Si l'on veut résumer ce qui précède, on verra que dès ce moment, tout un ensemble de grandes lignes délimitent la silhouette générale de l'image et la séparent des analogues : à ces impressions, à ce schème, plus ou moins coloré des nuances de la réalité, un sentiment se joint, qui rend l'image plus vivante et nous prépare à retrouver plus facilement les détails nécessaires pour les préciser.

II. — Ces détails se présentent avec des caractères propres qui les différencient nettement de la simple silhouette : ils sont fragmentaires, éparpillés à travers l'image, chacun à sa place, mais souvent séparés par des vides intercalaires que nous avons déjà signalés à propos des éléments étrangers. Ce sont presque de petites images dans la grande. Quand on essaye de les fixer de plus près, ils se précisent beaucoup plus qu'une simple silhouette : ils n'obtiennent cependant pas

1. C'est par un procédé analogue que des résidus de couleur servent à quelques aveugles à se forger de nouvelles images (cf *Audition colorée des aveugles*, in : *Rev. Scientif.*, juin 1894).

la netteté que nous allons trouver aux éléments
centraux de l'image et ne sont pas encore des
reproductions de perception. Malgré tout, ces détails restent un peu flous et s'échappent quand on
veut les fixer, se dérobent quand on les veut saisir.
Ce sont eux que l'on désigne en disant : « Les
formes que je voyais très vagues, aussitôt que
j'essaye de les préciser, comme ce n'est pas cela,
je ne vois plus. »

Ce qui caractérise ces éléments, c'est que, tout
en paraissant d'abord assez nets, ils n'ont cependant pas, lorsqu'on les fixe, la précision nécessaire pour soutenir sans vaciller le regard de la
conscience. Et nous leur retrouvons alors cette
mobilité si gênante quand il s'agissait de choisir
l'image à décrire, ce mouvement qui fait que
l'image se désagrège en quelque sorte sous l'attention et se déforme sous nos yeux pour nous
donner l'illusion, sitôt le regard détourné, qu'elle
s'est reformée plus nette dans le champ de la
vision indirecte.

Plus nets que les silhouettes, moins précis que
les résidus perceptifs, ces détails intermédiaires
glissent tantôt vers les unes, tantôt vers les
autres, subissant toutes ces fluctuations sous
l'effort de l'attention qui veut les voir clairs et
les fixe pour les préciser ; mais ils n'ont pas en
eux les éléments nécessaires à cette précision,
d'où leur indécision. « Je ne sais pas au juste
(*combien de lignes*)... il y a de la grosse impres-

sion et de l'impression italique peut-être : c'est
confus. Je vais essayer de compter... pour
compter exactement ces lignes, il faudrait que je
les voie, que je sache les mots qu'il y a ; quand
j'essaye de compter, j'ai une tendance à voir le
début de chaque ligne, mais ce début se restreint
à mesure que je monte. Les lignes montent en
triangle... il n'y a qu'une ligne qui apparaisse
bien, celle qu'on regarde fixement. » — Et c'est
justement la difficulté ; car on ne peut fixer ce qui
n'offre nulle prise à la vision mentale, comme
on ne peut percevoir ce qui échappe à la vision
organique. La différence de ces éléments intermédiaires aux éléments centraux de l'image, c'est
précisément qu'on ne peut les fixer, qu'ils se dérobent à la vision de l'attention, ne pouvant lui présenter ce qu'il faut pour l'occuper. Ces fragments
d'images fuient sous le regard et nous échappent,
parce qu'ils manquent des repères qu'il faudrait
pour les dessiner mentalement. Voilà tout le
secret de leur imprécision. Tout redeviendrait
clair si l'on pouvait un instant seulement ressusciter de l'ombre la perception d'où naquirent ces
fragments d'image, et la repercevoir, mais dans
cette image on ne peut maintenant voir plus clair.

De là des descriptions qui semblent contra-
dictoires, et qui s'expliquent cependant très bien
si nous avons exposé ce qui précède de façon à
être compris. « Le numérotage, je le vois bien ;
je ne sais quel numéro, mais je sais que c'est un

numéro à trois chiffres, je l'affirme; cependant il se peut encore que je me trompe, un léger point de repère me fait supposer que peut-être je n'ai pas vu cela[1]... Je vois encore, en regardant le sommet de la page, quelque chose d'écrit, mais je ne sais si c'est le numéro du chant ou *Enéide*. Cela, c'est en regardant que je l'ai vu: ce n'est pas de la réflexion, mais de la mémoire visuelle ».

Ces derniers mots séparent nettement ces éléments incomplètement représentatifs, de ceux que nous avons décrits plus haut sous le nom de logiques et abstraits; les premiers les séparaient non moins nettement d'une résurrection de perceptions antérieures. Volontiers nous dirions, si les deux mots pouvaient se réunir, que ce sont des représentations obscures. Ce serait la meilleure épithète pour qualifier ces états intermédiaires où l'élément imagé est assez fort pour se présenter à la conscience, et ne l'est pas assez, malgré tous nos efforts, pour raviver les détails qui le rendraient perceptibles. C'est pourquoi lui ne peut ressusciter notre perception. Tout en reste aux formes frustes et incomplètes, et il faut se contenter de dire: « Je vois l'aspect général de la

1. Notons qu'en disant : « Je sais, mais je ne vois pas », on s'exprime tout autrement que pour les éléments logiques et non représentatifs, où l'on dit : « Je sais, parce que... il doit y avoir : c'est l'usage... » Ici c'est une image, et là une déduction.

page... je vois assez nettement le caractère du texte ordinaire et le gros du paragraphe : je vois une page de gauche ; au bas, un titre de paragraphe en caractères gras... je vois là $\frac{1}{250}$: mais je ne garantis pas... il y a d'autres chiffres, deux ou trois, mais je ne les visualise pas comme celui-là. »

III. — Visualiser l'image, la voir presque comme un objet (peu importe ici l'exactitude) et retrouver ainsi l'écho de la perception originelle, voilà ce qui caractérise l'élément central de l'image, son âme qui garde une vivacité presque hallucinatoire.

En touchant à ce point, nous arrivons à la nature même de l'image, à sa vraie matière ; désormais, les détails seront nets et précis, sans aucune hésitation et tellement différents de toutes les approximations qui précèdent, qu'ils sont pour ainsi dire sensibles et susceptibles d'une véritable perception mentale.

Le premier caractère de ces éléments, qui touchent de si près l'hallucination, c'est leur rareté. Les images qui les possèdent ne sont pas nombreuses : et, dans ces images, ces éléments ne recouvrent jamais une grande superficie. Ils sont plus que tous autres, épars et sporadiques, tantôt groupés en certains points, et tantôt éparpillés à

travers l'ensemble. Dans les images les plus favo-
risées, ils sont à peine quelques îlots restreints,
vagues débris de nos perceptions en ruines : et
même en ces cas, il faut un réel effort d'attention
pour les discerner et les amener en pleine clarté
de conscience. La raison en est dans le peu de
prise qu'offre une représentation mentale : l'attention n'y trouve pas toujours les éléments nécessaires pour fixer son regard, et elle ne peut les
créer : n'oublions pas, en effet, qu'il ne s'agit pas
là d'une affaire de raisonnement ou de volonté :
malgré tous les efforts, on n'invente pas une
perception sans objet; de même, pour visualiser
une image, il faut que celle-ci soit visible. C'est
précisément cette sorte de coefficient objectif qui
caractérise l'image au point où nous sommes
arrivés et distingue de tous autres ces éléments
centraux : on les fixe comme un objet d'où ces
mots : « il n'y a qu'une ligne qui apparaisse bien :
celle qu'on regarde fixement. »

Mais la difficulté est précisément de pouvoir
fixer ces détails pour réaliser, au moins partielle-
ment, la perception interne de l'objet mental.

Dans toutes nos perceptions extérieures, l'objet
est présent et se prête à l'attention aussi longtemps
que nous voulons ; l'effort n'est limité que par
le degré d'acuité ou d'exercice de l'œil qui
regarde. Ici, au contraire, les rôles sont à peu près
renversés : la vitalité ou la force représentative de
l'image est probablement ce qui importe le plus ;

en tout cas, nous ne pouvons la fixer qu'un temps, durant lequel tout notre effort pour percevoir ne suffit pas à rendre perceptible ce qui l'est trop peu. Dans une perception extérieure l'attention réussit parfois à corriger, par une intensité d'efforts, l'inaptitude des sens ; mais ici, c'est l'objet lui-même qui fait défaut à notre sens interne.

Arrivons-nous à percer ce voile ? le fait est rare : mais il produit alors un véritable réveil des perceptions qui autrefois donnèrent naissance à l'image. Ceux qui y arrivent s'en expriment en termes caractéristiques : « Je vois *dans cette page de l'Enéide* le premier mot comme une image visuelle ; je pourrais vous dire certains mots sans répéter le vers (*dont ils font partie*) : je vois leur place, indépendamment du reste, mais je ne puis vous dire leur place dans le vers... voilà, dessinée la situation des mots[1] ; mais je ne sais pas entre quels mots sont ces mots dans le vers, ni à quels vers. »

Ainsi, là de véritables lambeaux de la perception primitive renaissent pour nous ressusciter l'image, et nous retrouvons, dans cette vision mentale, des morceaux épars de notre vision originelle. Combien tout cela diffère des formes

1. Sur une feuille, M. L. . avait dessiné l'allure des vers par des lignes tracées et marqué sur ces lignes à la place où il les voyait, les mots qu'il visualisait Nous reproduisons son dessin en haut de la page et les mots visualisés, à la page ci-contre.

Fig. I.

Conticuere.

sidera

intexaque carinæ

Image mentale de la page du Virgile ; mots visualisés
(Il n'y a pas lieu d'examiner l'exactitude de cette image puisqu'il ne s'agit
pas du souvenir)

logiques d'un réveil de souvenir ? C'est, au contraire, une véritable re-perception : et la ressem-
blance à la perception est telle que l'effort de notre
attention interne en réédite presque les divers
stades : « Je les vois plus fins, dit M. G., parce que
le plus fin donne plus clair... je vois l'ensemble
de l'impression à distance, ce qui me donne un
gris... j'ai le souvenir (*l'image*) de l'impression,
de la teinte des lettres, qui est plus fine ; — le
degré du noir (*des petits caractères*) est plus doux
et plus fin que dans les autres caractères. »

Comment ne pas songer, devant de telles expli-
cations, à une sorte de retour de la perception
initiale ? Sans doute cela n'arrive que pour de
rares images ; sans doute cela ne représente
même chez ces privilégiées, que de menus
fragments de la mosaïque totale : il reste bien des
vides. Mais ces détails épars représentent
beaucoup plus qu'une simple silhouette, ou la
vague indication de quelques chiffres qu'on ne
peut lire, ou l'idée d'un détail connu en raison,
mais qu'on ne voit pas. Ici, la lecture elle-même
est possible, au véritable sens du mot ; nous
sommes donc bien arrivés à un élément nouveau,
tout différent de ce que nous avons vu jusqu'à
présent.

Ces détails vivants, qui persistent comme
témoins et résidus de nos sensations, vont donner
à l'image son individualité. Après la perception

éteinte, ils seront encore les cellules vives autour desquelles se feront les agglomérations secondaires, les échanges et les associations nouvelles qui transformeront l'image. Tant qu'elles subsistent, elles marquent l'origine des images ; une fois disparues, elles laissent encore après elles ces liens associatifs formés par elles, pour maintenir l'unité et assurer la conservation de l'image.

III

De cette analyse, que nous avons essayé de faire aussi précise et aussi claire que possible, ne faut-il pas conclure que nos images ordinaires, loin d'être quelque chose de simple et uniforme, sont essentiellement composites et complexes? Sans doute quelques-unes reproduisent plus ou moins exactement et plus ou moins complètement leur perception originelle ; mais la plupart de celles que nous employons chaque jour, sont des touts lentement organisés, en un temps plus ou moins long, et bien différents de ce qu'ils étaient au début.

Telle qu'elle se présente aujourd'hui, chacune de nos images banales résulte d'une évolution lente et produite par de multiples opérations mentales. Essayons d'en retrouver quelques stades.

Nous avons vu que l'image banale et commune ressemble assez au produit d'une perception confuse et rapide : silhouette indécise et floue, sans autre forme que ses grandes lignes. C'est peu : cependant ce peu suffit ordinairement à tous les rôles de l'image dans nos opérations mentales : souvenirs, associations, réminiscences, etc. Aucune d'elle n'exigeant qu'on précise absolument l'image : un simple substitut de perception suffit, de qui la forme schématique et brève permet, à très courts intervalles, un défilé imaginaire rapide et nombreux. Il y a plus : nous serions fort embarrassés s'il nous fallait, à chaque opération mentale, n'employer que des images complètes, pleines et massives, au lieu des diminutifs légers et maniables dont nous avons l'habitude. Que de retards, s'il fallait, à chaque élaboration d'idée, préciser tout jusqu'aux détails inutiles ! Rien ne différerait la sensation de l'idéation, et l'intellectuel du sensoriel.

Il faut des simplifications de ce genre pour le rapide fonctionnement de l'organisme mental : et il est probable que nous nous y exerçons nous-mêmes instinctivement, dès le début de la vie de l'esprit, pour éviter la surcharge. En quoi, nous sommes merveilleusement servis par notre aptitude à abstraire, c'est-à-dire à enlever et oublier de l'image les éléments inutiles ; cette abstraction ne se contente d'ailleurs pas de diminuer la charge de l'image : nous la verrons au chapitre suivant diminuer aussi le nombre des images.

Parfois, cependant, nous voulons aller plus loin ; c'est alors que nous cherchons à retrouver sous cette forme rapide, d'autres éléments et les détails précis des images parfaites.

Ces éléments représentatifs, restes de nos perceptions anciennes, n'existent que par surcroît et n'apparaissent que dans les images privilégiées : ce sont eux qui, dans la silhouette du cadre général, forment çà et là des contours très nets, avec un contenu très précis, visibles, lisibles, s'il s'agit des mots d'une page. Tels qu'ils se présentent, nous les croyons volontiers isolés les uns des autres et même du fonds de l'image : en réalité, ils tiennent aux profondeurs mêmes de cette image, étant les résidus sensibles et comme les témoins de ce qui l'a constituée primitivement : ce sont eux qui donnent parfois la sensation mentale d'un renouveau de perception.

Mais ces éléments sont d'autant plus rares, que l'image est plus ancienne et plus usuelle. Comment conserver la perception primitive intacte à travers toutes les fluctuations de notre vie mentale ? Malgré tout, il y a des oscillations et des ruines : de larges lézardes ont ouvert des vides et fait crouler des pans entiers ; si bien qu'il faudrait maintenant, pour voir une image complète, restaurer presque de toutes pièces la perception originelle.

Ce n'est pas possible, et bien des images ne l'admettraient pas ; mieux vaut donc, lorsque nous avons besoin de raviver ainsi les images décrépites et branlantes, en relever les ruines, combler les vides et faire les réparations urgentes ; c'est le système des suppléances, dont nous avons assez parlé pour n'avoir pas à y revenir.

Ces restaurations sont d'ailleurs rarement nécessaires, car les restes authentiques des perceptions
initiales ne servent guère à nos opérations mentales :
ce qui tient peut-être précisément à ce qu'ils sont
les seuls éléments qui reproduisent l'ancienne
perception brute et ne doivent rien aux opérations
secondaires de l'esprit. Ils ne sont ni assouplis à
ses formes, ni pliés à ses façons d'agir : et toutes
les fois qu'ils se présentent, c'est pour s'imposer à
nous comme un fait brutal, renouvelant l'incoer-
cible nécessité de la perception où nous ne
pouvons rien changer. — Un souvenir s'explique
par des associations empiriques ou logiques, et
par l'empreinte de notre personnalité : il est
assoupli, fait à notre mesure, modelé à nos formes.
Au contraire, ces parties constitutives de l'image
primitive ne sont que de la matière brute,
ayant reçu de l'empreinte mentale juste ce qu'il
en faut pour pénétrer dans l'esprit, et, pour le
reste, gardant son allure sauvage et fruste comme
un tronc mal équarri. Notre vie mentale a besoin
d'éléments plus souples, plus cohérents et plus
faciles à la synthèse : c'est pourquoi l'immense
majorité de nos images gardent très peu (le juste
nécessaire) de ces résidus perceptifs. Ce qui
domine en elles, ce sont les additions et modifications destinées à les rendre mieux utilisables
pour nos opérations mentales.

Ces opérations secondaires viennent à leur tour

introduire dans l'image des éléments nouveaux et
plus aptes que les anciens à servir au bon fonctionnement' de l'esprit. Elles y opèrent ce perpétuel travail de stratification que nous avons
observé, et qui dépose sur les premières assises
les couches successives révélées par l'analyse.
Ainsi pénètrent d'abord dans l'image des éléments
empruntés à ses voisines, déjà plus intellectuelles
et plus usuelles ; puis viennent les éléments
logiques, qui ne se rapportent pas précisément à
l'image, mais y font cependant bonne figure et
rentrent dans son cadre ; et d'autres suivent encore.
A force de servir à nos diverses activités mentales,
l'image reçoit de chacune son empreinte, et
c'est ainsi qu'elle se modifie constamment, aban-
donnant d'un côté maints détails devenus inutiles,
et, de l'autre, se complétant sans cesse par une foule
d'accessoires étrangers qu'elle agrège parce qu'ils
lui conviennent.

C'est par ces adjonctions que l'image glisse
au souvenir. Les éléments ainsi surajoutés sont
en effet de deux sortes : les uns imaginatifs et par
conséquent du même genre que les éléments pri-
mitifs et constitutifs de l'image centrale ; les
autres, au contraire, en partie ou même entièrement logiques, ce par quoi ils tiennent au souvenir.

C'est donc là qu'il faut chercher la ligne de démarcation entre l'image et les autres formes de

notre vie mentale; c'est là qu'on peut distinguer des autres ses caractères propres.

Le premier et le plus net, est que ses éléments soient toujours plus ou moins représentatifs et puissent être visualisés. Plus ils tiennent à la perception originelle, plus leur force représentative est grande : elle diminue au contraire et s'atténue, à mesure qu'ils s'en éloignent, pour n'être plus qu'imprécis et confus.

En même temps que disparaît cette force représentative, l'image perd peu à peu l'espèce de fatalité avec laquelle elle s'imposait à nous. C'est, en effet, encore un des caractères de l'image primitive, que de s'imposer à nous comme si elle venait du dehors, à l'instar de la perception qu'elle représente sans que nous lui puissions rien modifier. Alors, elle ne semble presque pas notre œuvre, et ne se soumet guère à notre spontanéité. Mais tout cela changera à mesure qu'elle sera pénétrée d'éléments logiques.

Eux sont le résultat de nos propres opérations. Dès lors, quoi d'étonnant à ce qu'ils écartent et relèguent les éléments sensoriels, pour y substituer nos données intellectuelles ?

C'est pour eux que notre activité propre est intervenue, et peut-être est-ce pourquoi nous avons un certain sentiment d'être plus maîtres des éléments logiques que des autres, et de les mieux posséder.

Essayons de l'expliquer en termes rapides.

Lorsqu'on évoque une image, les détails arrivent et se précisent plus ou moins vite jusques à ce moment où nous avons le sentiment que nous ne trouverons rien de plus que ce qui est maintenant sous l'œil de l'esprit. L'image évoquée a donné ce qu'elle contenait, sans se préoccuper de ce que nous cherchions, et nous-même sentons bien, quoi qu'elle ne nous satisfasse pas, qu'il est inutile d'essayer d'aller plus loin. Parfois elle n'est pas ce que nous voudrions : tant pis ; l'ensemble se tient devant nous et s'impose avec une sorte d'immobilité objective, comme les sensations ou les perceptions d'où il dérive.

Combien plus subjectif est le souvenir : là, nous savons d'avance ce que nous cherchons, avec l'intime conviction de le pouvoir trouver, et de l'avoir à notre disposition. Aussi faisons-nous défiler sous le regard de conscience tout ce qui peut nous conduire à ce souvenir jusqu'à ce que nous l'ayons trouvé, car nous savons d'avance ce que nous cherchons. — S'il nous arrive parfois d'être arrêtés dans nos recherches, immobilisés, avons-nous le sentiment d'impuissance définitive que nous éprouvions pour l'image impossible à compléter, ou qui refuse d'apparaître à nos appels ? Nullement, car nous savons qu'à un moment ou l'autre nous trouverons l'élément cherché. D'avance, au fond, nous avons conscience de posséder déjà ce souvenir qui nous échappe ; il ne lui manque que

l'expression, image ou verbe, qu'il devra revêtir.
Mais au contraire, l'image ne nous obéit en rien :
quoi que nous voulions, quoi que nous fassions,
elle est ce qu'elle est, et non point ce que nous
voulons ou ce que nous cherchons. La renaissance
sensorielle, l'appel d'un détail par un autre, les
consécutions ou les associations, s'y font comme
sans nous ; tant qu'elle se forme, et surtout après,
nos activités conscientes ne sont guère que des
spectatrices.

Aussi pouvons-nous dire, en comparant ces
deux états si voisins, et cependant si différents,
que le souvenir gagne précisément ce que perd
l'image, et que les éléments constitutifs dans l'un
sont justement les accessoires de l'autre. Et cela
s'explique : l'effort de l'esprit pour raviver l'image
lui insuffle des éléments nouveaux dont plusieurs
appartiennent précisément au souvenir plus qu'à
l'image et sont plutôt logiques que représentatifs.
Substitution d'autant plus nécessaire que l'effort
de désagrégation de l'image l'éloigne davantage de
la perception originelle et qu'il faut alors, pour le
soutenir, lui infuser des éléments nouveaux,
cherchés d'abord dans le cercle des images voisines, plus loin ensuite, et enfin jusqu'aux extrêmes
frontières de nos représentations, et même au delà,
au pays des souvenirs.

Mais alors nous quittons le monde des images.

———————

OBSERVATIONS[1]

Obs. I (M. M.) — *Invité à choisir dans un livre plusieurs fois lu une page qu'il connaisse bien.* — Je prends dans les Pensées de Pascal, édition classique de Havet ; mais c'est bien difficile, parce que cette édition est effacée par d'autres ; j'en ai consulté et lu quantité d'autres, ayant beaucoup étudié Pascal, il y a quelques années.

Page ...., paragraphe I, sur *Grandeur et Misère*, que je connais bien : cela ne commence pas la page, c'est vers le tiers, un peu plus ; au-dessous, la page (plus de moitié) est prise par une note en fins caractères (ça, c'est peut-être de la reconstruction ?) ; au dessus, je ne vois rien ; il y a bien deux ou trois ans que je n'ai relu cette page en particulier ; il aurait mieux valu que j'en prenne une autre. — Je ne vois rien : je vois seulement les marges, le blanc du bas de la page, les petites lignes en caractères plus fins qui forment la note, le grain du papier qui est un peu soyeux (duveté) avec des barbes sur le plat de la feuille. Il y a une note au

Obs. II (E. L.). — D. *Une page de livre que vous puissiez décrire, dont vous ayez un souvenir photographique ?* — Il y a quantité de pages dont j'ai un souvenir moyen, mais pas une que je sépare des autres pour en faire une description spéciale. — Je n'ai aucun souvenir d'une page.

Prenons la première page du IIe livre de l'*Enéide* ; j'ai le souvenir d'un format moyen, in-16 je crois (il me semble que c'était l'édition Gérusez), du papier blanc pas complètement pur, lisse ; l'impression tient la plus grande partie des pages, la marge est petite.

D. *Décrivez les détails au fur et à mesure.* — C'est que je ne sais pas par morceaux ; je vois l'ensemble, je me rappelle la page en tant qu'image. Je la vois divisée en deux parties : la supérieure porte la fin du sommaire du Ier livre de l'*Enéide*, en caractères petits, serrés, avec les coupures ordinaires entre les caractères ; mais là, je devine, je ne vois pas, il y a là de l'invention, ou plutôt la connaissance ordinaire du

1. Nous donnons ici à titre d'exemple, telles qu'elles ont été recueillies, et sous leur forme intégrale, quatre des observations sur lesquelles a été faite l'analyse exposée au chapitre I.

crayon sur le texte même, sur la première ligne, je crois. Encore, est-ce une note, ou simplement un petit signe, croix ou autre, je ne sais ! Le coin de page est un peu écorné (D. *où, lequel ?*) — à droite en haut. La page est un peu bombée, parce que le livre renferme des feuillets intercalaires.

D. *Combien de lignes au-dessous du paragraphe cité ?* — Je ne sais pas au juste : il y a de la grosse impression, de l'impression italique, peut-être : c'est confus ; je vais essayer de compter...., à peu près une quinzaine : à peu près.

D. *Essayez de compter exactement.* — Il faudrait que je les voie, que je sache les mots qu'il y a : quand j'essaye de compter, j'ai une tendance à voir le début de chaque ligne : mais ce début se rétrécit à mesure que je monte. Les lignes montent en triangle : dans la première, je vois à peu près la moitié ; dans l'autre, moins, etc.; et je n'en vois que cinq ou six. Il y a une part de raisonnement là-dedans. — C'est même beaucoup, quatre ou cinq lignes ; quand on fixe bien la deuxième, on perd de vue la première ; il n'y a qu'une ligne qui apparaisse bien : celle qu'on regarde fixement...

Un fait que je n'ai pas signalé: le I. est bien net, avec le point à côté, au milieu des deux lignes, au-dessus.

Comme description, je ne vois plus rien.

D. *Quel nombre de lignes*

texte me fait vous dire cela.

Cette partie occupe le tiers supérieur de la page : immédiatement au-dessous du sommaire, aucun trait, mais un espace blanc d'un centimètre et demi de dimension ; immédiatement au dessous, le premier vers, dont je vois assez bien, très bien le premier mot; le caractère de l'impression m'est resté dans l'esprit. Ce premier vers, je vous le dirai, parce que je me le rappelle : CONTICUERE...

D. *Voyez-vous le premier mot ? le reste du vers, vous seriez obligé de le prononcer, mais celui-là ?* — Oui, je le vois comme image visuelle : je pourrais vous dire certains mots sans répéter les vers : je vois leur place, indépendamment du reste, mais je ne puis guère vous dire leur place dans le vers. C'est à peu près, sans chercher dans quel vers ils sont (*M. E. L. esquisse l'aspect général de cette page, en écrivant quelques mots aux places où il les voit*), voilà, dessinée, la situation des mots ; mais je ne sais pas entre quels mots sont ces mots dans le vers, ni à quels vers... (v. p. 43).

Les deux tiers imprimés de la page sont partagés d'une façon très inégale : vingt à vingt-cinq vers numérotés à droite de cinq en cinq (je ne vois pas à quel vers correspond chaque numéro) tiennent la majeure partie de la page : à la partie inférieure, au-dessous des vers, il y a un espace blanc et, au-dessous, des notes. — D. *Voyez-*

entre ce point et la note ? —
Il n'y a que deux lignes de texte
qui forment le corps de l'ou-
vrage : je vois un intervalle un
peu plus grand, entre les grosses
et les petites lettres, qu'entre
deux lignes du texte même en
gros caractères. Les intervalles,
les blancs ont une valeur propre : ils ressortent par eux-
mêmes, ce n'est pas le fond noir
qui les fait ressortir.

D. *Combien de lignes en
petits caractères ?* — J'avais
dit une quinzaine en tout.

D. *Donnez-moi le texte des
deux lignes en gros, la photographie mentale; relisez-
les.* — Je n'en suis plus capable : je retrouve la silhouette
seule. En somme, dans mon
enfance, j'ai eu des images très
nettes, des pages entières, surtout en composition de mémoire:
mais depuis que je fais des études abstraites, la mémoire des
pages est devenue secondaire.
Je vois du noir et du blanc, de
petites lettres (indistinctes) : si
j'essaie de voir les lettres, il
faut que j'invente : je vois en
réalité de petites choses, comme
de loin des wagons accrochés,
des mots plus longs, d'autres
d'une ou deux lettres ; mais je
ne puis fixer le début de la
ligne, parce que je sais que toujours il y a un intervalle blanc,
qui précède la majuscule ; mais
je crois que ce passage est la
suite d'un autre, et alors je ne
sais pas si la ligne débute par
des points ou une majuscule :
je n'ai même plus le texte des
deux lignes : j'ai le sens général

vous le numérotage des vers ?
— Non, mais dans mon esprit,
il y a une image visuelle de
page numérotée ; ce n'est pas
de la mémoire réfléchie, mais
je ne crois pas l'avoir transpor-
tée d'une page à l'autre : quand
je regarde la page telle que je
l'ai vue, j'affirmerais qu'ils existent (ces chiffres). — D. *Il n'y
a pas de vers devant lequel
vous mettiez ces chiffres ?* —
Aucun, même pas le premier :
et je le crois non numéroté

Au dessus, un demi-centi-
mètre d'espace blanc et, au-
dessous, quelques lignes, trois
ou quatre, de notes d'un texte
en caractères fins serrés. — D.
Quelles notes ? — Elles sont
pour moi un ensemble vague
où je crois démêler deux ordres
de caractères d'imprimerie, l'un
italique, l'autre latin.

D. *Voyez-vous des séparations entre ces notes ?* — Je
vois des traits ; je sais qu'il y a
des numéros, mais je ne les
vois pas ; il est d'ailleurs possible que les séparations que je
vois, je les fasse, je les invente,
d'après ce que je sais, parce que
je sais qu'il y en a ailleurs.

Plus rien dans cette page : le
numérotage, je le vois bien : je
ne sais quel numéro, mais je
sais que c'est un numéro à trois
chiffres. Je l'affirme : cependant
il se peut encore que je me
trompe. Je vois encore maintenant, en regardant le sommet
de la page, quelque chose d'écrit ; mais je ne sais si c'est le
numéro du chant, ou Enéide.
Cela, c'est en regardant que je

du morceau, le début du texte sur les deux infinis. — Je ne sais même plus le sens de ces deux lignes, qui n'offrent pas un sens complet... la phrase est coupée.

D. *Voyez-vous le titre en italiques ?* — Non : je crois même que tout à l'heure je l'avais inventé ; le mot « Misère de l'homme » me poursuit ; mais je ne sais pas où le caser. — Pas de trait au milieu de la page, pas de séparation : il doit y avoir un titre : il y a peut-être : « Pensées de Pascal » ; peut être : « Art. I ». — Il y a « ARTICLE » complet : c'est marqué aussi en haut de la page « ART. » ; le premier est en caractères romains.

l'ai vu : ce n'est pas de la réflexion, mais de la mémoire visuelle. — Peut être est-ce un souvenir transplanté, car en réfléchissant, j'ai vu le souvenir d'une autre page que j'ai transplantée ici. — D. *Pourquoi ?* — Parce que mon attention a été attirée, ma mémoire sollicitée par le chiffre, et que j'ai vu un en-tête de page.

D. *Vous aviez besoin de cet en-tête de page, et vous l'avez mis là ?* — Non, le numéro de la page était là, mais il m'a fait voir une chose qui, d'ordinaire, n'est pas à la tête de cette page ; je vois la page même, sans en-tête : mais au moment où j'ai réfléchi au numéro de la page, il s'est fait un en-tête.

D. *Depuis combien de temps avez-vous relu ?* — Depuis des années, peut-être pas depuis le lycée (dix ans), mais sûrement il y a des années que je ne l'ai vue, au moins six ou sept ans.

D. *Y avait-il des raisons de retenir ?* — Probablement parce que je l'ai plus appris : le deuxième chant m'a toujours plus intéressé ; j'y ai mis plus d'attention.

Obs. III (E. G.) (*Prié de décrire l'église Notre-Dame, E. G... fixe d'abord quelques détails sur une feuille de papier.*) — J'ai reconstruit ainsi Notre Dame : j'ai dû dessiner pour m'y reconnaître, autrement je ne pouvais m'y retrouver.—J'ai donc commencé par dessiner la grande porte,

Obs. IV (E L.) —D. *Parlez-moi de l'église Notre-Dame de Paris, pour la décrire.*— Je ne l'ai jamais (assez) regardée ; j'aimerais à en faire le portrait d'abord, c'est plus facile d'en parler après. Notre-Dame de Paris me frappe comme une masse dans l'air, dessinant d'une façon à la fois vague et

et les deux autres à côté : de chaque côté de la grande porte, les pieds un peu plus haut que la tête d'un homme, il y a deux statues — Pas de marches, sauf celle du trottoir.

D. *Précisez une partie du monument ?* — Ce seraient d'abord les jours des tours : de grandes ogives, séparées par des colonnes excessivement minces.

Dans le dessin général, il y a quelque chose qui m'échappe, au milieu.

Il y a une grille ouverte, à la porte du côté de l'Hôtel-Dieu : c'est ouvert parce qu'on entre par là.

D. *Voulez-vous me dessiner la porte du milieu ?* — Non, je ne puis pas : je vais être obligé de vous dessiner une porte quelconque : je suis tout à fait incapable de la dessiner...

Vous entrez donc par la porte, vous descendez une marche : voilà tout ce que je puis vous dessiner : j'ai très mauvaise mémoire, d'ailleurs. Et quand je ferme les yeux un moment, pour retrouver, c'est un autre monument que j'imagine : ainsi, en cherchant cette porte de cathédrale, c'est une autre que je vous dessinerai.

D. *Comment expliquez-vous cela ?* — Tout simplement parce que je complète malgré moi les parties que je ne vois pas par des choses qui me semblent en harmonie avec le reste, par besoin de symétrie, qui est poussé très loin chez moi.

D. *Vous apercevez-vous que vous complétez mal ?* —

précise deux énormes tours, à droite et à gauche ; ensuite, entre les deux tours, un clocheton qui s'élève loin derrière.

Entre les tours, le vide est comblé aux deux tiers par la masse de la façade.

Cela n'est pas seulement une forme ou silhouette ; j'y place sans précision une foule de détails architecturaux, des gargouilles, une croix, des anges, une colonnade ; au dessous, un grand portique marquant le centre de la façade : portique ogival fait d'une série d'ogives superposées ; entre les ogives du portail, une série de têtes.

Latéralement, les deux tours : je les vois en commençant par le sommet, par la partie qui se détache sur le ciel : je commence par ce que je vois mieux, quoique, une fois que j'ai évoqué la cime, les autres parties arrivent avec : ainsi les figures blanchâtres au fronton, en avant de la grande rosace ; et au-dessous, la colonnade.

Au centre, le couronnement m'échappe : je le crois rectiligne, mais il m'échappe ; puis le clocheton droit, élevé, et, au centre, une horloge qu'on voit du parvis.

Sur la partie médiane, ce qui frappe est la façon dont se détachent le Christ et les anges blancs sur le fond noir de Notre-Dame. Je les vois, je ne pourrais en faire la forme ni en dire le nombre, mais c'est une des choses qui me frappent le plus, que je vois le plus, dans mon souvenir visuel.

Oui, très bien. Ainsi, pendant que vous complétiez sur le tympan, j'avais complété par le couronnement de la Vierge de Fra Angelico, sachant très bien qu'il n'est pas là, mais ailleurs.

Je crois qu'en fait c'est un Christ en croix avec deux personnages, à moins qu'ils ne soient sur la porte de gauche ; mais c'est plus probablement au milieu. Je pense à ce qu'on pourrait y mettre, ne sachant pas exactement ce qui y est.

Il y a deux choses qui me paraissent logiques : un Christ en croix ou la Cène ; mais je suis absolument certain que la Cène n'y est pas.

D. *Comment faites-vous le départ entre ce qui est réel et ce que vous imaginez ?* — Lorsque je me représente ce qui est réel, et que j'ai difficulté à me le représenter, il se produit un moment de fatigue : je cherche, je ne conçois pas l'objet sans quelque chose : immédiatement il y a une image qui vient là ; je ne l'ai pas imaginée, je puis l'avoir vue ailleurs, mais ce sera toujours quelque chose qui cadrera avec le reste.

D. *Pourquoi, au lieu de cette chose étrangère, ne pas prendre quelque chose de réel et chercher absolument à avoir le souvenir exact ?* — Cela ne m'empêche pas de continuer à chercher le reste : mais il faut le trouver ; trois ou quatre images viendront à ce moment : je continue de chercher, et je trouve parfois.

D. *Je cherche ce qu'est*

Je vois aussi le coq au sommet de la flèche : je crois que c'est un coq. Le sommet de la tour se dessine par quatre montants, aux quatre côtés, extrêmement travaillés, composés d'une série de cannelures énormes, mais qui semblent minces, vues de loin. Elles sont découpées de motifs d'architecture, avec entailles, pour plus de légèreté. Entre ces montants, dont chacun a le quart de totalité de largeur des tours, se placent les lames qui laissent passer l'air : j'en vois très bien l'inclinaison. Au sommet est l'ogive qui les couronne et les réunit entre elles.

Au sommet des tours, un petit clocheton, sur la partie latérale gauche, je crois. — D. *Comment les tours sont-elles faites en bas ?* — Il y a là une partie que je ne vois pas : je retrouve là la colonnade, puis une partie qui m'échappe, et enfin le portail.

D. — *Qu'est-ce que cette partie qui vous échappe ?* — Il y a là des détails, mais je ne sais lesquels : je sais qu'il y a des pierres, des montants de tours ; je puis supposer une rosace, mais c'est supposé. — Le détail des piliers des portes inférieures m'échappe également. La tour du côté opposé, je la décrirai de même, car je ne vois rien de spécial ; c'est la tour de l'Hôtel-Dieu que je vois le mieux : celle que j'ai commencé à décrire.

Dans le détail, signalons les portes médiane et latérale ; je

une image mentale. — Pour moi, je suis frappé avant tout par des masses, par des ensembles.

les ai remarquées : elles sont rouges, avec des fers, des volutes que je ne décris pas, parce que je ne me rappelle pas Il y a aussi de petites portes latérales : mais maintenant, c'est fait ; il aurait fallu que je cherche à me le rappeler avant de dessiner : ce dessin m'obnubile

En dehors des portes, dans la pierre, des niches à $1^m,5o$ au-dessus du sol, se continuant en haut avec les arcades de l'ogive, et ayant des figures de saints ou de rois de France, je ne sais pas très bien, je ne vois pas très bien.

Les portes latérales m'ont frappé souvent par leurs ferrures unilatérales, mais je ne sais pas de quel côté. Il y a des gargouilles, mais je ne sais où ; il doit y en avoir une à chaque coin de tour. — Je ne vous ai pas parlé des grilles, parce que cela ne me paraît pas faire partie du bâtiment — Sur les tours, on aperçoit en saillie une élévation supportant un paratonnerre.

Ce qu'il y a de net, ce sont : les anges de la façade, sur fond de rosace — la colonnade — les fers des portes, sur le rouge de la porte — et la flèche.

Voilà Notre-Dame vue comme masse : je ne la vois qu'en ogive : je sais qu'elle est ogivale.

CHAPITRE II

FUSION DES IMAGES MENTALES

Le nombre de nos images mentales, si nous les conservions toutes, serait depuis longtemps incalculable. Pour bien des raisons, dont nous avons déjà vu quelques-unes, il n'en est pas ainsi ; et nous trouvons dès le premier examen, leur total bien inférieur à la somme immense de sensations et perceptions qui se sont succédées sans répit depuis l'origine de notre vie mentale.

Un rapide coup d'œil montre d'abord que la plupart de nos perceptions actuelles ne sont que d'anciennes impressions renouvelées et plus ou moins ravivées ; d'où résulte que leurs images tombent tout naturellement dans les groupes antérieurement constitués par d'autres images analogues, où elles se fondent dans l'ensemble. Parfois même elles y disparaissent complètement ; elles vivent alors dans un lointain inconscient, où elles sont tellement vagues et faibles que nous ne pouvons même pas les ramener à la conscience lorsque nous les désirons. Ainsi reléguées par delà les frontières naturelles de notre attention, elles dorment dans ces régions subliminales qui, sans appartenir irrémédiablement à l'inconscient, échappent cependant à notre volonté directe. Ce ne sont pas encore des disparues, dont nulle trace ne persiste plus (est-il jamais de telles images après avoir été conscientes?): cependant elles ne nous obéissent plus et nous ne pouvons ni les réveiller ni les susciter directement. Parfois cependant, pour les ramener à la claire lumière de notre conscience, il suffira de certaines impressions ou associations qui les raniment brusquement, par un mécanisme très difficile à prendre sur le fait. Elles se représentent alors tout à coup, comme au hasard et sans lien ; mais nous les reconnaissons parfaitement, avec une telle précision qu'il nous étonne d'avoir pu si longtemps et si complètement les perdre de vue. Ainsi nous ne pouvions plus les regarder ; mais elles pouvaient encore, sous des influences qui nous échappent, se montrer à nous et se faire voir. Elles n'étaient donc ni mortes, ni complètement disparues ; seulement, tel était leur éloignement du cours ordinaire de nos pensées, que sans ce rappel fortuit, nous les aurions à jamais ignorées.

C'est là un fait si fréquent, et les exemples en sont, pour chacun de nous, si nombreux qu'il suffit de le signaler pour y rappeler l'attention — mais non pour l'expliquer.

Un examen mental ne saurait porter sur ces images qui sont, par définition même, des réfractaires. Il faut donc se borner à étudier celles qui nous restent proches et immédiates, toujours à notre disposition pour l'usage quotidien de la pensée. Celles-là reviennent au premier appel, ou sans grande recherche, dès que nous en avons besoin; nous sentons en nous qu'elles seront là, immédiatement, dès que nous voudrons revoir ce qu'elles représentent. Nous en avons le libre et facile usage, car elles sont au premier plan de la conscience.

Pour nous rendre à peu près compte de leur nombre, nous avons demandé à une dizaine de personnes, dont plusieurs appartiennent au même groupe que celui du chapitre précédent, de dénombrer elles-mêmes certains groupes de nos images mentales[1]. En particulier, nous leur avons posé les questions suivantes :

« Combien pouvez-vous retrouver d'images des objets suivants :

1. Vénus de Milo,
2. Épingle ordinaire,
3. Cigarette,
4. A majuscule d'impression,
5. Visage de votre mère.

---

[1]. MM. J. Foucault et J. Clavière ont bien voulu nous recueillir chacun trois observations, prises dans les mêmes conditions : ce qui porte le total à une quinzaine : élèves du laboratoire de psychologie, professeurs, étudiants, etc. (cf. le tableau, p. 69). — D... est un jeune homme de quinze ans; les autres sont des adultes. — Il va sans dire que l'on proposait un seul objet à la fois, et qu'il fallait retrouver de véritables images, et non un simple souvenir sans images.

« Énumérez ces images par ordre d'importance, décrivez chacune d'elles telle qu'elle vous apparaît, avec tous ses détails particuliers, de façon à bien l'individualiser, et la séparer nettement des autres. Signalez et décrivez aussi à la fin les images qui vous avaient d'abord échappé. »

I

Ce qui frappe tout d'abord, en parcourant les résultats de cet examen, c'est le petit nombre des images que l'on peut reconstituer avec leur physionomie propre, lorsqu'au lieu de regarder en gros l'ensemble du groupe, on les prend une à une.

Volontiers nous nous figurons que le nombre des images, pour chaque objet, est proportionnel à celui des représentations que nous en avons reçues, et nous croyons, par exemple, qu'en voulant penser à un cheval, il se présente d'abord l'image d'un cheval que nous ayons vu, puis celle d'un autre, suivie immédiatement d'autres encore à l'infini, jusqu'à ce que nous cessions d'y penser en donnant à l'esprit une autre direction. Et comme nous avons vu, depuis l'enfance, un nombre de chevaux presque infini, nous sommes tout portés à dire que leurs images en nous sont presque infinies, et que leur énumération complète donnerait une liste interminable.

En fait il n'en est pas ainsi.

La commune erreur, sur ce point, vient de confondre ordinairement les deux classes d'images distinguées ci-dessus, d'où l'on est conduit à croire que toutes les images qui *pourraient* se présenter vont revenir à premier appel si on le prolonge assez. Or l'examen attentif démontre au contraire que le nombre des images vraiment capables de revenir ainsi ne s'étend pas à l'infini, qu'il est même assez limité et qu'on peut au moins approximativement l'évaluer.

Sans doute pour les objets ci-dessus, le nombre total des images qui furent, à diverses époques, imprimées en nous, reste égal à la somme des représentations conscientes que nous en avons prises depuis les débuts de la vie mentale.

Et ce nombre, on peut le déterminer approximativement pour des représentations aussi rares que celle de la Vénus de Milo : il suffit de se référer aux circonstances de temps et de lieu où nous avons pu voir l'original ou les reproductions. Mais ce calcul serait déjà plus difficile pour le visage maternel, si l'on excepte certains cas particuliers. Et si nous choisissions la série de nos perceptions de cigarettes, comment en retrouver le nombre et vous énumérer toutes celles que nous avons vues ? A plus forte raison, comment apprécier la quantité d'épingles que nous avons regardées depuis que nous sommes capables de les reconnaître et de nous en servir ? Et cependant, leur total serait encore plus facile que celui des A majuscules vus par un habitué à parcourir quotidiennement, depuis des années, plusieurs pages d'impressions.

Ces dernières énumérations, si elles étaient possibles, formeraient des nombres indéfinis : faut-il en conclure que nos images correspondant à ces objets sont aussi en nombre indéfini, et que les images de la lettre A (celui des cinq objets que nous avons le plus souvent perçu) sont les plus nombreuses de la série étudiée? Cela serait si le nombre d'images conservées était, comme on le semble généralement croire, proportionnel à celui des images reçues ; mais cela n'est pas. Au contraire, il faut distinguer, comme nous l'avons déjà vu [1], d'un côté les images immédiates à la conscience, et de l'autre, celles qui restent si loin qu'elles n'existent plus pour le fonctionnement volontaire de notre pensée et ne reviennent jamais quand nous en avons besoin et les désirons. Or cette dernière classe comprend la grande majorité des représentations quotidiennes journalières et que rien ne distingue.

Il ne faut donc pas croire que le nombre de nos images croisse avec celui des représentations correspondantes : loin de là, il est au contraire d'autant moindre qu'il s'agit de représentations plus souvent renouvelées et qui nous figurent des objets plus usuels. La répétition ne multiplie pas les images : elle les généralise.

L'observation montre en effet (contre toute attente d'ailleurs), que les images sont d'autant plus rares que leurs représentations furent plus nombreuses et fréquentes. Loin de la renforcer en additionnant les éléments communs, le retour d'une image analogue à sa précédente affaiblit celle-

1. V, ch. I, p. 15.

ci et lui diminue ses caractères propres, comme si, dans cette superposition d'images, les dissemblances seules trouvaient matière à s'accuser.

Les images successivement répétées, au lieu de faire nombre, s'embrouillent et se fondent les unes dans les autres, et leur nombre diminue à mesure que s'allonge la liste de leurs retours.

Il sera facile de le constater sur le tableau ci-contre, qui résume les résultats numériques de nos observations. Sauf deux exceptions qui sont à part, les chiffres sont assez significatifs pour dispenser de tout commentaire.

On voit comme le nombre des images décroît d'une façon presque constante du premier au dernier objet de la série proposée. Ce fait devient particulièrement sensible quand on compare les deux extrêmes : l'écart entre ces deux groupes d'images est significatif.

Cette sorte de paradoxe est, en réalité, facile à expliquer lorsqu'au lieu de confondre l'image et le souvenir, on réfléchit aux différences profondes qui les séparent.

Sans doute, image et souvenir sont intimement liés : car de même que nous ne pensons pas sans images, nous ne rappelons rien sans image. Mais ni l'une ni l'autre ne naissent et vivent de la même manière. L'image du même objet ou d'objets semblables peut revenir plusieurs fois à notre conscience sans qu'il y ait souvenir : celui-ci, au

NOMBRES RELATIFS DE QUELQUES IMAGES MENTALES

	A	B	C	D	E	F	G	H	I	J	K	L	M	N	O
Vénus de Milo	3	3	3	?	4	2	1	0	2	5	1	10	3	1	2
Visage maternel	3	3	5	1	3	4	6	10	9	4	1	11	5	?	1
Cigarette.	?	2	1	4	2	1	5	5	6	4	1	10	2	3	3
Épingle	α	α	4	6	α	4	3	3	4	»	a	15	3	2	3
A d'impression . . .	1	1	a	?	2	a	1	1	4	a	a	12	a	2	1

α designe les images schématiques — Certains sujets n'ont qu'une ou deux images de la Vénus parce que, en realite, ils n'en ont pas vu plus.

contraire, qui ne se précise et s'affermit qu'à force
de répétitions, n'existe qu'aux cas où des images
analogues ont été vues successivement sous le
même jour comme si chacune n'était autre
que la précédente ou sa continuation sans inter-
ruption. Or un tel résultat ne se peut obtenir que
par l'artifice de conscience qui consiste à diriger
constamment notre attention sur les points identiques d'images analogues successivement consi-
dérées. Est-ce ainsi que nous procédons lorsque
nous voulons simplement recueillir une image
mentale? S'il s'agit d'un objet déjà vu, la vision
extérieure et la vision mentale sont toujours fort
incomplètes : l'une et l'autre, elles paraissent surtout consister à rappeler rapidement en nous
l'image précédemment acquise plutôt que d'étudier
hors de nous la perception actuelle de l'objet ; ce
regard extérieur et son examen subjectif sont l'un
et l'autre d'autant plus rapides (toutes choses égales
d'ailleurs) qu'il s'agit d'un objet plus connu. Le
plus souvent on se contente de ranimer hâtivement
une image antérieure, et la perception extérieure
reste fort incomplète, parce que nous avons sup-
pléé mentalement à ce que nous ne regardons pas.
Quelques points de repère suffisent à cette vision
extérieure, et la perception ainsi renouvelée donne
des fragments d'images suffisants pour reconstituer
un tout ; c'est à la fois une économie de temps
et de travail.

Il se passe donc là quelque chose d'analogue à

ce qui se produit dans la lecture courante, où nous devinons les mots au lieu de les épeler. Au début, lorsque nous apprenions à lire, il fallait regarder et nous rappeler chaque lettre ; puis il a suffi d'épeler chaque mot ; actuellement, nous restituons chaque mot avant même de l'épeler, et ceux qui corrigent des épreuves savent par expérience combien facilement passe inaperçu le détail de chaque lettre. Les images ne se conservent en nous que dans la mesure où nous avons besoin de les entretenir pour notre usage. C'est du moins ce qui se produit généralement : et qui explique, au moins en partie, que de toutes nos images quelques-unes seulement gardent les caractères de représentations particulières. On voit aussi pourquoi elles sont d'autant moins nettes et moins détaillées qu'elles ont été plus souvent renouvelées, et pourquoi, de toutes nos représentations de A, il ne persiste le plus souvent qu'une seule image : encore n'est-elle ni particulière ni concrète, mais entièrement généralisée, comme nous allons essayer de l'expliquer.

Il faudrait maintenant dire pourquoi, à côté de ce courant d'images confondues, d'autres se conservent parfois, malgré tout, avec des caractères très particuliers, échappant ainsi à tout ce travail qui désagrège et confond leurs voisines les unes dans les autres : mais c'est un côté de la question que nous ne pouvons aborder ici.

II

Ces différences numériques, qui portent sur une simple question de quantité, sont tout extérieures : il faut cependant s'y arrêter, parce qu'elles ne sont que l'indice et le signe d'autres différences plus profondes qui tiennent à la nature même de l'image.

Nos images n'ont pas toutes le même aspect ; nous avons déjà vu précédemment qu'il peut exister des formes très diverses, depuis la représentation concrète comme un simple décalque de sensation, jusqu'à l'image tellement généralisée qu'elle n'est plus qu'un schème abstrait. Entre ces deux extrêmes s'étagent toutes les nuances intermédiaires. — Il suffira de décrire les principales pour bien faire comprendre quel incessant travail subit en nous la masse de nos images : nous montrerons, en procédant ainsi, que le nombre des images est d'autant moindre qu'elles sont plus abstraites (ou réciproquement) et qu'il diminue précisément à cause des modifications profondes qu'apporte à leur nature intime la fréquente répétition.

1° Ce sont généralement les plus rares images

qui restent le plus concrètes : leurs caractères sont alors très nets, bien définis et faciles à décrire.

Une image complète se compose de la représentation même de l'objet et du cadre qui l'entoure, c'est-à-dire des circonstances de temps et de lieu dans lesquelles il nous est apparu et continuera de nous apparaître en représentation imaginaire.

Tout cela, au moment où l'image se forme en nous, se présente ensemble : ainsi l'on ne peut regarder au Louvre la Vénus de Milo sans voir en même temps les divers accessoires qui l'entourent : l'ensemble de la salle, les tentures du fond, les statues et les stèles disposés à l'entour, le piédestal et sa grille, et le jour plus ou moins clair dans lequel tout nous apparaît. Il faut y joindre aussi les circonstances diverses du moment où cette impression nous est venue.

Si l'image, conservant tous ces éléments, restait absolument concrète, tout cela renaîtrait à chaque évocation ; mais en réalité, il nous est d'autant plus rare de retrouver cet ensemble entier, qu'il s'est écoulé plus longtemps depuis la première impression, ou que celle-ci a été retouchée par un nombre plus grand d'impressions analogues. Ces réserves faites, on peut assez exactement comparer l'image plus ou moins concrète à une photographie prise d'un certain point de vue : la statue réapparaît le plus souvent entourée des objets parmi lesquels elle nous était apparue, et dans la situation où nous l'avions le plus volontiers regardée la première fois. Sans doute elle a été vue sous d'autres aspects, et l'on se rappelle souvent fort bien l'avoir considérée à différents points de vue. Mais tout cela n'a laissé qu'une seule image, celle qui, du premier coup, domina toutes les autres ; par exemple, l'aspect sous le jour où on l'a dessinée, la vue prise de l'endroit où il est le plus facile de la regarder, etc.

« Quand je veux revoir cette statue, dit M. E. G..., elle m'apparaît toujours au fond de la galerie, moi-même allant très vite vers elle parce que le plus souvent je n'ai qu'un moment à moi et je suis obligé de passer la voir très rapidement. » D'autres images ont cependant existé, on le sait parfaitement : mais elles n'existent plus ou ne peuvent être évoquées, ce qui revient pratiquement au même. Une seule image, un seul aspect entre tous supplée tout cela, si bien qu'on n'éprouve plus le besoin de recourir aux autres images.

Est-ce le premier pas vers la généralisation ? C'est ce que nous examinerons plus loin, après avoir précisé d'autres points.

Chacun sait qu'il existe, pour l'image matérielle de la perception, un centre de vision nette à partir duquel tout devient de moins en moins précis ; de même pour l'image mentale. La perception de la statue réapparaît à la conscience ; mais les objets

ambiants, à mesure qu'ils sont éloignés du centre
de vision nette, deviennent vagues et indécis, jusqu'à un cercle-limite au delà duquel il est impossible de rien distinguer. Notre image reproduit
donc la sensation, mais avec cette double différence qu'on ne peut ni la mieux préciser ni
l'étendre plus loin. Si l'on veut alors déplacer le
centre de vision nette et fixer le regard ailleurs
qu'au point central de notre vision matérielle, il faut
pouvoir évoquer une autre image dont cet autre
point fut primitivement le centre. — Comment
expliquer ce fait? Sans prétendre en préciser exactement les raisons, nous pouvons cependant lui
rapporter la réflexion suivante : « Je ne vois nettement les détails de ce bronze qu'au point d'origine de la draperie, nous disait M. S..., parce que
ce point était le mieux éclairé lorsque j'ai vu la
statue : c'est là que je puis actuellement le mieux
fixer mon attention. »

Tout cela nous montre que l'image concrète et
rare, tout en reproduisant autant que possible la
vision matérielle sous sa forme particulière, ne
pourra plus être précisée ni agrandie. Au contraire, elle va plutôt s'amoindrir de quelques détails (lesquels, comme nous le verrons plus loin,
sont parfois remplacés par d'autres). Mais ces
modifications sont d'autant moins nombreuses, et
l'image se rapproche d'autant plus de la perception première, qu'elle fut moins renouvelée par
d'autres perceptions ou moins souvent reprise en

des conditions différentes. Plus une image se répète, plus elle tend à s'éloigner du type concret.

2° On peut ranger dans un second groupe toutes les formes de transition qui s'étagent de l'image encore concrète jusqu'au schème abstrait. Comme tout ce qui est usuel et banal dans la vie intime, ces images sont assez difficiles à caractériser : elles n'ont pas de signes communs assez généraux pour s'appliquer à toutes et chacune d'elles. D'autre part, on ne peut prendre isolé pour le décrire séparément chacun des types qui composent cette série nombreuse. Contentons-nous donc de présenter les principaux, de manière à montrer par quels degrés passent nos images mentales pour évoluer, à mesure qu'elles se renouvellent, de l'état concret, au schématique et abstrait.

L'image qui se renouvelle dans des conditions différentes ou seulement analogues élimine d'abord ses éléments concrets et se transforme peu à peu par un véritable travail d'abstraction. Ce travail n'atteint pas également toutes les parties de l'image : il semble porter de préférence sur ses éléments constitutifs, en respectant d'abord le cadre, dont l'importance est secondaire. C'est un fait dont on peut se rendre compte en comparant entre elles diverses images de la Vénus de Milo qui s'étendent de l'état concret à l'état abstrait [1].

---

1. V. l'observation, p. 89 et 90.

L'image la plus concrète est ordinairement celle de l'original au Louvre, parce que c'est elle qu'on a le plus vivement remarquée : cette image principale domine d'ailleurs tout le groupe, et se présente volontiers la première à l'esprit avec des détails typiques dont nous avons noté quelques-uns. On trouve ensuite au second plan quantité d'images secondaires faciles à décrire, et ce sont précisément celles; vues plus souvent que l'original, des copies, des reproductions, des bronzes, etc. A cette limite, le cadre et l'image sont encore très nets, quoiqu'ils conservent rarement le relief précis de la représentation centrale. Mais par delà ce cercle assez étroit prennent place quantité d'autres images qui sont devenues presque subconscientes, et desquelles nous savons seulement les avoir vues, et dans quel endroit. Multitude banale de réductions en plâtre aperçues aux étalages, sur les ponts, dans les paniers des Italiens qui font la place pour écouler leur marchandise, etc. En tout cela, on ne distingue presque rien, sinon que des réductions furent vues en tel endroit, et parfois à tels moments : mais quel était l'aspect, la grandeur... en un mot, l'image même de la statue, rien ne le rappelle : seul le cadre est encore précis. Nous sommes d'ailleurs, ici, bien près du schème abstrait.

Cette dégradation successive est peut-être plus significative encore pour le visage maternel. On s'en est fait quantité d'images : on l'a vu sous une multitude d'aspects, et cependant, lorsqu'il s'agit de le rappeler, on se rappelle, plutôt que le visage lui-même, les circonstances de temps et surtout de lieu où nous avions coutume de le voir. tantôt c'est une forme vague, occupée à lire ou à coudre, à sa place habituelle, près d'une fenêtre, sous la lumière d'une lampe, etc. ; tantôt c'est une apparence lointaine imaginée telle qu'elle *devait* être à certaines dates caractéristiques de l'existence, avant une maladie, pendant ou après, lors d'un départ ou d'une arrivée, etc. Tout cela nous revient assez facilement, mais s'il faut décrire ce visage lui-même, les détails s'épuisent vite, et l'on préfère évoquer un tableau ou une photographie qui fixent l'ensemble en une attitude immobile. Ici encore, l'image si souvent répétée sous des aspects différents a donc subi, de ce fait, une sorte d'usure : plus les détails étaient délicats, moins ils ont résisté, et les grandes lignes du cadre, amples et massives, peu étudiées, persistent mieux que les traits fins du centre de l'image. Pourquoi? peut-être précisément parce que moins d'attention se dispense à l'examen de ces grandes lignes chaque fois que l'image est renouvelée du dehors.

A un degré plus près encore de la généralisation, ce travail atteint les circonstances mêmes et le milieu dans lesquels l'image a été perçue, Leur élimination semble le dernier effort pour réaliser l'abstraction, car les circonstances de temps, nous l'avons dit plus haut, ont depuis longtemps disparu. En ce dernier cas, l'image réapparaît encore dans un cadre, mais sans localisation précise. On se rappelle avoir regardé des cigarettes à un étalage ; mais on ne voit plus où se trouvait cet étalage. Le cadre lui-même est hors des circonstances ordinaires où il se présentait d'abord. On retrouve l'image d'une épingle de blanchisseuse fixant un col ; mais il n'est plus possible de dire en quel endroit on l'a vue. Les points de repère ont disparu, noyés par le flot montant des images, et c'est à peine s'il reste encore à cette représentation d'épingle un élément concret : sa place sur le col. Elle n'est cependant pas encore générale, mais correspond à peu près aux images rapides et vagues mentionnées dans les théories de la généralisation, lorsqu'on dit que nous revoyons, en évoquant l'idée de cheval, l'image d'un cheval au repos, ou galopant ou bien attelé, sans préciser davantage.

3° La troisième classe n'offre plus d'images privilégiées : elle n'a, tout à l'opposé de la première, que des représentations aussi abstraites que possible.

Mais leurs caractères ne sont pas moins nets, en sens inverse, que ceux des images concrètes.

La plupart des images de la deuxième et même de la première classe étaient multiples (sauf les cas de perception unique) : les images abstraites sont au contraire uniques, chacune en son genre, précisément parce que les perceptions ont été si renouvelées, que toutes sont fondues en une seule représentation. Il en résulte que cette image est dépouillée de tout caractère individuel : elle est *banale*, *quelconque*, selon l'expression des personnes interrogées, Les impressions furent si nombreuses qu'elles ont perdu, en se superposant, tout caractère individuel : désormais, il nous semble que toute nouvelle impression ne pourra que leur ressembler et que la même image suffira pour l'avenir à représenter n'importe quel objet de ce groupe. Rien ne tranche sur la masse incalculable de ces représentations, parce que maintenant elles n'offrent plus rien qui attire spécialement l'attention sur l'une d'elles. Pourquoi, en effet, en remarquer une plutôt que les autres ? De là ce nivellement général de toutes les images. « J'ai vu tellement d'épingles que je ne puis en retrouver : on finit par n'y plus faire attention. J'en verrais une en particulier si elle avait joué un rôle dans mon existence, si je m'étais piqué affreusement [1]. Elles se ressemblent

---

[1] Il faut des circonstances de ce genre pour sauvegarder certaines images dans ces masses banales : d'autres images aussi restent privilégiées par un hasard assez difficile à expliquer ainsi persistent des images d'épingles vues dans une fente de parquet, à terre où on les a ramassées, etc. : ces images semblent subsister par leur association à l'action De même, les images particulières de cigarettes les présentent de préférence avec une marque spéciale : à demi consumées, aux lèvres, ou tandis qu'on les roule entre les doigts

Sans doute aussi il faut joindre, à celle de ces circonstances, l'influence profonde du sentiment.

toutes ; je ne vois rien de plus en l'une qu'en l'autre : je ne vois pas une épingle plutôt qu'une autre, mais une masse d'épingles de toutes grandeurs... Comment voulez-vous que je vous décrive une épingle : j'en ai vu plus de 100 000. »
— « En fait de cigarettes, je n'ai que l'image banale de celles à 0,60 que je fume ordinairement : je n'ai aucune raison de m'en rappeler d'autres ; n'ayant jamais eu d'images extraordinaires de cigarettes... si j'avais été dans un pays où l'on ne fume pas, je me serais rappelé celles que j'y aurais vues... je ne vois pas une cigarette en particulier. » — « Si j'avais à dessiner un A, ce serait l'A banal, car aucun ne m'arrête, et je ne puis dire : j'ai vu un tel A à tel endroit... Surtout pour l'A, vous ne trouverez chez les gens comme nous que des abstractions : il faudrait interroger des gens ignorants, qui en aient très peu vu. »

Rien ne donne mieux que ces diverses réponses l'impression du travail intime qui s'applique à réduire le nombre de nos images, et, dans celles qui subsistent, le nombre des caractères concrets.

Ce travail commence dès qu'arrive une image nouvelle au travers des autres ; il se continue et s'accentue à mesure que cette image répétée sous des formes diverses, tend à surcharger l'esprit de ses répétitions ; il aboutit enfin à l'organisation d'une image unique, dénuée de toute surcharge concrète.

La série a commencé par une seule image concrète : elle se termine aussi par une seule, abstraite.

Les caractères propres de celle-ci sont presque tous négatifs. Une image devient abstraite précisément pour avoir perdu un à un les caractères particuliers qui la distinguaient des autres. En se superposant, les détails ne se sont pas renforcés et unifiés comme le voudrait la théorie des portraits composites : ils se sont fondus, détruits, éliminés. Et ce travail, qui n'atteignait que les points centraux de l'image dans le second des trois groupes décrits, s'étend actuellement alentour de l'image, au cadre, ordinairement plus résistant. L'image abstraite n'est plus entourée ; elle n'est localisée ni dans le temps, ni dans l'espace : elle apparaît, déclarent ceux qui la signalent, *n'importe où et n'importe quand*, bien différente en cela, comme à tous autres points de vue, de l'image concrète qui ramène avec elle tout l'entourage des circonstances et parfois le concert de sentiments dans lesquels apparut l'impression originale. — Dans ces conditions, l'image proprement dite, dénuée de son entourage ordinaire, n'apparaît plus comme l'image particulière d'un objet particulier, mais comme la représentation d'un ensemble d'objets de même nature ; c'est l'image d'un groupe, si toutefois ces deux expressions se peuvent réunir. Ainsi elle ne représentera plus une épingle, mais une série d'épingles : c'est la représentation commune d'un ensemble.

A ce moment, et après toutes les transformations qu'elles a subies en se répétant, l'image n'offre plus aucun caractère particulier [1], ni

---

1. Avant de conclure, il ne faut cependant pas oublier qu'un nombre assez important d'images échappe à la classification proposée. Ce sont celles qui ont vécu indépendantes et isolées, au lieu de se fondre dans les autres. Elles paraissent ordinairement avoir peu d'importance et rester sans influence sur le cours de notre vie mentale : nous les avons retenues par hasard, sans y prendre garde et sans le vouloir, et nous sommes nous-mêmes étonnés de leur persistance, car selon l'expression populaire elles ne riment à rien ; ce sont des errantes. Chacun de nous en possède ainsi un certain nombre qui restent très concrètes et très immuables au milieu des changements des autres. Pourquoi cette situation anormale et cette résistance à des causes atteignant la majorité de nos images

interne, ni externe ; cela va si loin que parfois
même on ne peut plus l'évoquer, et que l'on
retrouve simplement la place qu'elle aurait dû
occuper. Ce n'est même plus un schème ; c'est
un simple signe, la dernière étape de l'image avant
de devenir purement et simplement un mot, l'élément verbal pur, ce qu'il y a de plus abstrait
dans la langue.

L'image mentale, ou ce que nous appelons encore
de ce nom, se réduit alors à peu de chose. Telle
qu'elle est à ce moment, c'est la dernière étape
dans la série que nous venons de suivre, l'aboutissant de tout notre travail pour dégager l'image
de la sensation et l'amener à l'idée. — Pour y
réussir, l'esprit a constamment travaillé à diminuer le nombre de ses images en simplifiant leur
nature : il a fondu en une seule toutes celles qu'il
avait ainsi identifiées, et, par là, réduit la surcharge qui pèse sur l'attention et la mémoire.

C'est d'ailleurs son procédé constant, et les
observations qui précèdent n'ont d'autre mérite
que de prendre sur le vif cette méthode d'élaboration mentale.

En étudiant ce procédé, on voit facilement que

---

mentales ? Il est assez difficile d'expliquer et n'est que plus néces
saire de signaler cette exception : peut être cet arrêt de générali
sation n'est il pas sans lien avec la surabondance d'images observée
chez l'un des sujets étudiés.

nos images mentales ne se juxtaposent pas les
unes à côté des autres, comme des entités dis-
tinctes ayant chacune son autonomie propre ; au
contraire elles se superposent les unes aux autres
et se fondent les unes dans les autres lorsqu'elles
deviennent trop nombreuses. Pour cela, chacune
emprunte aux images analogues qui l'ont pré-
cédée une partie de leurs éléments constitutifs ;
elle cède à son tour quelques-uns de ses éléments
propres à celles qui viennent après elle. Et c'est
de ce perpétuel échange que vivent nos images,
formant ainsi une série où tout se tient et se fond
dans un ensemble général : et ce phénomène s'accentue à mesure que s'accroît le nombre des
images.

Il en résulte que si l'on fait le total d'un groupe
d'images représentant un objet déterminé, on les
trouve d'autant moins nombreuses qu'elles résul-
tent d'une somme plus considérable de représentations antérieures. C'est, au premier abord, para-
doxal ; mais il suffit pour en comprendre la raison,
de réfléchir que les impressions élaborées par nos
images sont d'autant plus fragiles et moins complètes qu'elles viennent après un plus grand
nombre d'impressions analogues. Quelques points
de repère suffisent à renouveler une impression
déjà souvent avivée ; mais les images ainsi renouvelées deviennent de moins en moins complètes,
de plus en plus générales.

D'autre part, moins les images furent nombreuses, plus elles restent concrètes ; inversement, elles se généralisent et perdent leurs caractères individuels et particuliers à mesure qu'on les renouvelle. Et les plus abstraites sont celles qui se sont renouvelées un plus grand nombre de fois, dans des conditions peu différentes.

Le degré de généralisation d'une image correspond donc au nombre de ses répétitions dans des conditions dissemblables ; d'où l'on pourrait conclure que la généralisation tient précisément à cette répétition, et qu'une image unique, ou même répétée dans des conditions identiques, n'a aucune tendance à cesser d'être concrète. Cependant il faut bien noter que cette tendance à la généralisation se fait jour dès la naissance d'un groupe d'images, et se manifeste d'abord par la tendance d'une certaine image à dominer toutes les autres et à les absorber. Il se forme ensuite un centre de généralisation, un courant que suivront naturellement les images à venir. Le sentiment paraît aussi avoir une très grande part dans cette fusion des images ; enfin il faut encore tenir compte de tout l'ensemble des habitudes intellectuelles et des associations antérieures, qui influent toujours beaucoup sur la transformation de nos impressions en images.

A un point de vue plus général, c'est un cas particulier de l'universelle tendance de l'esprit à généraliser : la transformation et la fusion des

images mentales ne sont que des expressions particulières de ce progrès constant. En agissant
ainsi, l'esprit simplifie son travail et économise
ses forces. Mais il importe de noter que ces tendances progressistes sont directement opposées
aux tendances conservatrices qui maintiennent
nos souvenirs dans leurs formes primitives. C'est
donc encore, sous un autre aspect, la lutte de la
mémoire contre l'imagination et l'une des faces de
cet antagonisme que l'on a trop oublié jusqu'ici.
Par destination, le souvenir est immuable ; il n'en
est pas de même de l'image.

OBSERVATIONS[1]

Obs. I (G B) — I *Ve
nus de Milo* (original vu en
1880 pour la première fois)
— Je vous avoue que je
n'en ai qu'une image, du moins
vue d'une certaine façon, du
côté où elle me plait le plus, de
face . c'est là que je la vois de
la façon la plus obstinée

Celle qui me revient le plus
est celle du Louvre . après elle,
ce seraient les réductions en
plâtre · j'en vois surtout un
principe, celui au tiers Les
autres restent très vagues J'en
vois ainsi deux d'une façon très
déterminée, plus une que je
devrais voir et que je ne retrouve pas, et enfin une beaucoup plus vague, d'un très petit
format, comme il y en a sur les
parapets des ponts Cette der
nière est vague, parce qu'il y
en a de plusieurs dimensions et
qu'aucune pour ainsi dire ne se
fixe : il y en a de 40 centimètres,
d'autres de 30, etc (Les deux
premières réductions sont précises parce que je les vois très
distinctement · j'en ai l'image
assez fixe dans la tête)

1° Celle du Louvre que j'ai
dessinée ou crois avoir dessinée,

Obs. II (E G) — I. *Vé
nus de Milo* — 1° J'ai d'abord
une image qui date de 1882 Je
la vois au Louvre : j'arrive en
face elle est dans une espèce
d'hémicycle, avec des tentures
derrière.

La lumière vient de gauche,
parce qu'il y a là une grande
fenêtre: je vois la statue de
grandeur nature

Elle est penchée sur sa hanche
du côté droit, comme un cava
lier; le cou est légèrement pen-
ché du côté gauche, et la figure
regarde de ce côté : je vois de
ce côté gauche le moignon qui
s'enlève, la jambe droite est
rigide et porte le corps; la
jambe gauche est légèrement
ployée et la draperie la dessine,
et tombe droit sur la jambe
gauche, les deux pieds sont
brisés, du moins le gauche est
brisé, sans quoi il dépasserait
(le socle)

La statue porte sur un petit
socle de marbre . au milieu du
socle, il y a un petit rond en
creux La coiffure : une raie au
milieu, les deux côtés en ban
deaux, passant derrière les
oreilles et relevés par derrière

je la vois très bien, à sa place, de face, la tête tournée légèrement du côté gauche, la poitrine de face, la hanche de même, car il n'y a pas un mouvement très prononcé : la jambe droite, qui est repliée, se voit de face. Comme taille, elle me produit l'effet d'être plus grande que nature : elle l'est d'ailleurs. Elle est éclairée de préférence sur sa droite (la lumière venant de gauche) : je me souviens vaguement d'une fenêtre de ce côté — il y a plus de deux ans au moins que je ne l'ai vue — (M. B croit que le corps porte sur la jambe gauche ; je lui demande alors de dessiner la statue il s'aperçoit en la dessinant que la jambe gauche est au contraire ployée) — A côté de la fenêtre je ne vois rien, mais je me souviens vaguement, dans ce qui l'entoure, d'un fonds de draperie de velours qui doit être grenat Pour le reste je ne m'en souviens guère je ne vois rien autour du piedestal et ne retrouve même pas comment il est Peut-être y a t il une grille autour, mais encore je ne la vois pas, je crois aussi que la porte d'entrée à la galerie de droite est une simple tenture : mais c'est trop vague et je ne vois plus bien

Je remarque encore la teinte ambrée du marbre le nez est rapporté., je le crois du moins .. oui, il est rapporté et le pied ne l'est pas — La draperie m'a toujours fait l'impression d'une draperie posée pour être collée en tortillon, et sur le sommet de la tête les traces d'une tresse : il me semble, du moins. Elle a la tête très petite : la draperie, qui pend, part au-dessous du nombril ; le pied gauche devait venir en avant, à cause de la manière dont il est brisé...

Je ne puis vous dire autre chose.

J'ai cité d'abord celle du Louvre parce que vous avez ajouté comme vous l'avez vue, au Louvre. Sans quoi j'aurais vu d'abord celle de chez moi, puis celle du Louvre, parce que c'est un souvenir de provincial qui vient à Paris : même avant de l'avoir vue au Louvre, j'avais l'idée de la Vénus du Louvre

2º Ensuite je vois une petite statue en bronze, de 30 centimètres, qui appartient à un avocat de Marseille qui l'avait sur son bureau Je l'ai vue en 1887 : on venait de la lui donner Je la vois tournée vers la droite, parce que je l'ai regardée de ce côté, où le bras est tombant. Peut être l'ai-je vue ainsi parce que j'ai essayé de la copier ainsi.

3º Une Vénus en plâtre de 1 mètre, avec les contours noircis par la fumée, que je vois dans une salle à manger, audessus d'un poêle ; puis sur une table de salle à manger, où elle est tournée comme j'ai vu celle de l'avocat.

Je l'ai toujours vue. mais pas toujours ainsi,

4º Une statue en bronze, à Paris, sur une cheminée, devant une glace : je la vois de face, posée sur un socle en peluche rouge.

au corps, c'est à dire mouillée — Je ne vois rien de plus, sauf les proportions de cette forme d'une femme robuste

2° La deuxième est en plâtre, forcément : je la vois presque de trois quarts ou encore de profil (j'emploie ces expressions techniques parce qu'elles me viennent plus facilement) la tête est légèrement dirigée vers la gauche, parce que je vois la statue de trois quarts prise sur sa gauche — la jambe gauche repliée masque la plus grande partie de la jambe droite. L'é-paule droite se voit très peu : l'épaule gauche bien mieux. Le mouvement légèrement porté en avant du haut du corps s'accentue ; la taille est placée très légèrement elle est blanche

Je l'ai vue (d'abord en 1890 ou 1891) et la vois toujours dans l'atelier de mon père, entourée de tableaux de fleurs accrochés dans l'atelier . elle est sur un piédestal peint, la hauteur de la table est de 60 a 70 centimètres.

Les autres images n'ont rien de défini : c'est toujours la même figure, mais en plus petit — Celle que j'ai vue certainement et que je ne retrouve plus, est le moulage grandeur nature de l'École des Beaux Arts : je ne vois pas où elle est ; mais elle existe certainement, car il y a tous les moulages intéressants, mais je ne la vois plus Je ne crois pas l'avoir dessinée

Je revois un dessin de la Vénus, qui n'est pas de moi, fait par .. , chez mon père. — Je

C'est un modèle de 80 centimètres, que j'ai vu il y a quatre ans, et souvent revu depuis

crois bien en avoir fait une gri-
saille vers 1878, mais je ne vois
plus le modèle qui m'a servi.

Dans celles des ponts je n'en
retrouve pas une précise : chez
le marchand d'antiquités, chez
le mouleur, j'en ai vu, mais je
n'ai pas de souvenirs détermi-
nés ; c'est très vague, peut-être
parce que je ne regarde pas,
j'estime très peu les réductions

II *Épingle ordinaire*. —
C'est plus difficile, parce que je
n'en vois que deux types...
(j'observe alors à M. B . qu'il
me faut des images *d'une* épingle en particulier : il me ré-
pond :) . Je ne puis vous
donner l'image d'une épingle,
parce que je n'en regarde jamais : je n'en vois pas une plutôt qu'une autre : je vois une
masse d'épingles de toutes les
longueurs

D — Dans votre atelier,
vous n'en avez point fixées au
mur ?

R — Non . ou s'il y en a je
ne les vois pas : je m'en sers
constammment, mais je ne les
regarde jamais je ne vois pas
de différence dans celles que j'ai
l'habitude de voir c'est tou
jours une tête de laiton, pointue,
étamée, blanche . elles se ressemblent toutes, sauf de dimensions, longueur et grosseur.
Tout à l'heure, j'en ai touché
pour défaire une gravure (fixée
au mur de ma chambre) , je ne
sais comment elles sont : je n'y
vois rien de plus qu'aux autres
épingles.

J'en ai vu aussi de noires .

II. *Épingle ordinaire*. —
Je ne puis retrouver de souvenir, parce que je me sers de
tant d'épingles par jour que je
ne puis les retrouver : on finit
par n'y plus faire attention.

J'en vois deux types : la petite
épingle commune, nickelée, et
une épingle d'autrefois, avec
une tête enroulée J'en vois de
noires aussi J'en ai toujours
au gilet, sauf aujourd'hui.

D — Vous ne vous rappelez
pas une épingle évoquant pour
vous quelque souvenir particulier? — R Non, je me rappelle
qu'on s'en sert pour cure dent
mais rien de plus

D — En voyez-vous une
image? — R. Non, je vois le
type J'en verrais une en par
ticulier, si elle avait joué un
rôle dans mon existence ; si je
m'étais piqué affreusement, je
la garderais comme un souvenir
et je pourrais vous dire sa taille;
mais je n'en ai pas comme cela.

Cependant je me rappelle les
épingles façonnées avec les ai-
guilles cassées, dans la cire à
cacheter : j'ai dû en voir quand
j'étais tout enfant, sur des pe
lotes, avec des têtes en cire

Je vois aussi une boîte d'épingles : une petite boîte de buis ; je vois les épingles dedans : je les vois enchevêtrées, voilà tout. Il se peut que cela corresponde à la réalité, je ne sais. Je ne vois pas de figure d'enchevêtrement particulier, elles sont là sans aucun principe de forme.

III. *Cigarette* — Je vois un tube de papier, avec du tabac dedans. — Je retrouve les cigarettes que j'ai fumées en Suisse, quand j'y vais tous les ans, elles ressemblent beaucoup aux cigarettes françaises, mais plus grosses et de tabac plus fin, jaune. — Je vois aussi celles qui ont une inscription dorée, bronzée : de celles-ci en particulier, j'en ai vu à Genève dans un bureau de tabac quelconque (je vois deux ou trois bureaux de tabac, mais je ne sais quelles cigarettes j'ai achetées dans chacun et je ne me rappelle plus dans quel genre de boîte étaient les cigarettes en question, avec l'inscription dorée)

Je vois aussi une espèce de cigarettes beaucoup plus grosse que la cigarette française : je ne me souviens pas comment est l'inscription. La boîte est à tiroir, rouge : je la vois bien toujours, mais je ne sais rien autre à en dire. Il y en avait 30 dans la boîte : c'est le chiffre habituel : mais je ne crois pas m'en être assuré. — J'en vois une autre, grosse comme la précédente, qui n'est pas ronde, mais ovale : la boîte est rouge,

rouge. Je m'amusais à prendre les épingles et à les faire chauffer pour faire fondre la cire et la faire tomber le long du verre de lampe.

III. *Cigarette.* — Je ne puis dire les images par ordre ; elles me viennent toutes à l'esprit ; commençons par les cigarettes les plus belles :

1º La cigarette turque à tabac blond, avec des lettres dorées, grosse. Je sais qu'il y en a et je les vois

2º Les cigarettes des paquets à 8 sous, avec « tabac à 16 francs » sur le milieu Une extrémité est blanchie

3º Je vois la cigarette que j'ai roulée tout à l'heure en sortant de table elle était assez bien faite Je me rappelle moins bien les deux autres fumées ensuite

4º Je me rappelle un paquet de 18 cigarettes dans une boîte Elles étaient russes, le papier bulle un peu foncé, du carton à une extrémité, et à l'autre, du phosphore qu'il suffisait de frotter pour allumer la cigarette.

5º Je vois la cigarette que j'ai fumée hier chez Z ..; il m'a tendu un pot à tabac ; j'ai roulé une cigarette sans la regarder et je l'ai allumée à la lampe.

6º L'autre jour au café X.. , on m'a offert une cigarette d'un paquet de tabac bleu à 50 centimes . je vois l'étui avec quel-

à tiroir aussi, mais moins haute. Je vois celle-ci chez moi, dans l'armoire où elle se trouve, plutôt qu'au bureau de tabac.

J'en vois une autre catégorie, toujours de Suisse, sur le port : elles sont plus longues que les cigarettes françaises, plus minces ; le papier est jaune. Elles ont une sorte d'image avec l'aigle russe noire. La boîte est en métal, ou fer blanc très mince. Je vois les cigarettes dans la boîte, mais je ne sais combien il y en avait.

Dans les cigarettes françaises, je vois celles du modèle que je fume ordinairement : mais je n'en vois pas une en particulier.

ques cigarettes dedans, un seul côté était rempli. Mais je ne vois pas les cigarettes elles-mêmes.

IV *Lettre A.* — Je n'en vois pas trop, sauf la forme courante : je le vois un petit peu dans les formes anciennes du moyen âge. J'ai le souvenir d'un A qui doit être sur plusieurs médailles : il *doit*, mais je n'en suis pas sûr. Je ne me rends pas bien compte de la particularité de la médaille sur laquelle je le vois, ou plutôt je le vois sur des sceaux, mais je ne vois pas plus l'un que l'autre parmi ces sceaux. Je vois une place, en haut et à droite, où cette lettre doit être : mais cela me semble.., et je puis fort bien me tromper. Je ne puis donner ni l'inscription, ni d'autres lettres que A : je me souviens beaucoup moins des autres lettres — Je cherche à me souvenir : je crois en avoir vu comme lettres ornées, mais je ne me rappelle pas quelles elles sont.

IV *Lettre A.* — 1º Je vois d'abord une grande lettre de 40 centimètres sur carton : j'avais tout un alphabet comme cela, qu'on pendait aux murs de ma chambre pour m'apprendre à lire.

2º Je vois une caricature, un individu ouvrant la bouche en A : les dents forment la barre : c'était dans une méthode enfantine.

3º Sur les mots « chemins de fer de l'ETAT » un petit A majuscule, sans rien de spécial.

4º Je vois beaucoup d'A dans des enseignes, mais je ne sais pas au juste comment sont construites ces lettres.

5º Le A du *Jardin des racines grecques*.

A fait un, prive, augmente, admire.

Ἄζωω, j'exhale et j'expire.

6º Je vois A dans le prénom

Pas d'autres images, ni de mes lectures, ni d'ailleurs : si j'avais à dessiner un A, je dessinerais l'A banal, le triangle à deux côtés prolongés. Parmi les A banals, aucun ne me reste : je ne puis pas dire : j'en ai vu un à tel endroit.

V. *Visage maternel.* — Je me rappelle trois figures :

1° Celle du premier plan est celle de son bon état de santé : elle est bien difficile à décrire : c'est une figure qui se modifie suivant l'état de la personne, la toilette, l'heure de la journée

D. — Voyez-vous la couleur des cheveux ? —

R. Oui, bruns, .. la disposition, la coiffure réapparaissent, mais pas très précis : c'était une question de mode et de moment.

D. — Voyez vous les yeux ? — R Oui, bruns, je pourrais les peindre de mémoire, mais très mal les définir.

2° Une autre figure est celle que j'ai peinte, assez analogue à la précédente : je la vois hors du cadre et du tableau, mais si je voulais la décrire, ce serait la description de la figure du tableau

Le tableau, comme physionomie, est un peu ce que j'avais dit plus haut ; le costume est de velours et de soie noire ; une main est appuyée sur le fauteuil où elle est assise ; la figure ne donne rien de bien particulier, rien de plus qu'au dessus.

3° La troisième image est une figure de souffrance, très amaigrie, sans rien de spécial.

d'un élève qui s'appelait Anatole et signait ANA... (en lettres d'impression très hautes et très grêles).

V *Visage maternel.* — Je ne vois d'abord que des photographies Cependant je retrouve :

1° Une figure, vers 1868, avec une sorte de veston andalou : les cheveux en coiffure plate ; mais le visage est ce qu'il y a de plus difficile à décrire Je la vois dans le cadre du W..., où nous habitions alors. Si je veux me reporter à cette époque, je vois une photographie de cette date qui me sert de point de repère

2° Vers ma dixième année je lui vois un corsage de velours noir chez un photographe où on m'avait photographié ; le visage est un peu maigre, allongé, les cheveux coiffés un peu haut D — Evoquez cette figure, décrivez-la ? R. Vous croyez que c'est commode ! Quand on voit tous les jours quelqu'un, cela finit par se mélanger.

3° Plus tard je la vois très maigre, le teint un peu pâle, vers 1887, la figure un peu fatiguée. J'étais au régiment : elle était venue me demander au quartier et entrait avec une autre personne dans la cour : j'ai demandé la permission de sortir en ville.

4° Enfin je la revois comme maintenant, la figure presque jeune, mais les cheveux blancs :

cela se reporte sur plusieurs
années, car elle n'a pas changé
depuis Je la vois à la gare,
mais ni cette année, ni la pré
cédente (malgré mes voyages
d'alors) : je la vois en 1892.

CHAPITRE III

ÉVOLUTION DE L'IMAGE MENTALE

Autant le souvenir doit par définition rester immuable et fixe, autant l'image est au contraire mobile et vivante et soumise à de perpétuels changements sous l'incessante action de nos sentiments et de nos idées.

Cette mobilité est précisément ce qui la rend difficile à observer et l'a fait négliger au profit du souvenir. Nous croyons la connaître pour l'avoir examinée sous un seul de ses états, celui qui est le souvenir immobile et mort ; mais si nous connaissions mieux la vie de notre organisme mental, ne dirions-nous pas au contraire que le souvenir n'est qu'une des formes de l'image laquelle traverse en vivant des états successifs où elle reflète et exprime un ensemble complexe d'états antérieurs et de tendances nouvelles ?

Parce qu'elle est mobile et parce qu'elle est vivante, l'image proprement dite échappe à l'observation bornée de la conscience. Ainsi s'explique que les phases de son existence nous soient presque totalement inconnues et que l'on soit réduit à bien

peu sur ces questions élémentaires : comment naissent et se développent, comment se transforment et disparaissent nos images?

Une transformation d'image est un phénomène difficile à prendre sur le fait, parce que les points de repère qui permettraient de la constater échappent à la conscience : lorsqu'un nouvel état d'image a remplacé l'état antérieur de cette même image, il se présente seul aux lieu et place de l'ancien ; nous ne pouvons donc comparer ces deux états successifs, ni par conséquent, en saisir le changement, à moins qu'une rencontre fortuite ne fasse soupçonner la transformation survenue.

C'est le cas pour l'observation qui nous a mis sur la voie de ces recherches et à laquelle d'autres viendront sans doute s'ajouter, une fois l'attention appelée sur cette question.

Il y a quelques années, en excursionnant près d'une ville d'eaux cévénole, j'avais remarqué dans une église de campagne un autel en bois sculpté et doré dont le travail bizarre avait retenu mon attention ; pour diverses raisons cette image me revint plusieurs fois durant les mois suivants, et chaque fois avec une telle netteté que j'aurais cru pouvoir la dessiner de mémoire. Au reste, l'année suivante, revenu dans la même région, je la décrivis telle que je l'imaginais alors à des voisins de table en quête d'excursions artistiques ; je revoyais très nettement, adossé au mur de chevet de la vieille église, un autel de style Louis XV, avec des ornements rocaille d'un travail assez fin, les dorures un peu rougies par le temps, mais le tout d'un bel aspect. — En réalité (je m'en aperçus lorsque je refis l'excursion), c'était un autel doré de style indéfinissable, avec des sculptures bizarres plutôt qu'artistiques, et tout cela n'avait qu'un lointain rapport avec *mon* image, que je voyais si nette et qui s'était plusieurs fois, dans l'intervalle, représentée à ma conscience.

Que s'était-il donc passé? Fallait-il admettre que chacune des rééditions intercalaires n'avait pas exactement copié l'édition primitive, et que des retouches successives étaient venues, entre chaque tirage, modifier profondément le cliché et transformer l'image de l'une à l'autre édition. Seul, l'élément abstrait du souvenir avait persisté, cependant que son image évoluait à mon insu, sous des influences dont je n'avais pas remarqué l'action.

Mais comment suivre expérimentalement les étapes successives de ce travail latent, et prendre en quelque sorte sur le fait la série de ces modifications?

La méthode nous fut suggérée par des expériences sur la transformation d'images tactiles en visuelles, communiquées par M. Flournoy, lors d'une visite au laboratoire de Genève. Le procédé consistait à faire palper un objet, les yeux fermés, de façon à s'en faire une image visuelle assez nette (sinon précise) pour être ensuite dessinée. Cette expérience, répétée sur des élèves du laboratoire de la Sorbonne, je leur demandai quelques jours après, de reproduire de mémoire leurs précédents dessins (que j'avais conservés) : à la comparaison, les différences étaient légères, mais pourtant sensibles, entre les deux séries de dessins. L'image avait donc varié et désormais, pour suivre ses transformations chez l'adulte, il suffisait d'appliquer méthodiquement le même procédé.

I

Avant d'aborder cette partie de notre étude, il est une question préalable ; comment se forment ces images dont on va suivre l'évolution ?

Chez l'adulte, au moment où elle naît sous l'influence d'une impression extérieure, l'image mentale n'est pas le produit de cette seule impression : elle résulte encore et surtout de toutes nos images analogues, antérieurement élaborées en nous et qui nous reviennent alors. La sensation actuelle ne dépasse guère le rôle d'excitateur ; c'est un moyen rapide et facile d'éveiller en nous des éléments représentatifs toujours prêts à s'assembler pour réaliser une nouvelle image ; il serait, après les chapitres précédents, fastidieux de le redire.

Il faudrait donc, si l'on voulait savoir comment se sont lentement élaborés ces éléments, chercher d'abord comment se formèrent à l'origine de la vie mentale nos premières représentations et comment naissent les premières images dans une âme d'enfant.

Mais sur ce point, nous ne pouvons présenter que deux documents, l'un fourni par M. J. Clavière, et l'autre que nous avons recueilli dans une école maternelle de Paris.

En observant de quelle façon une fillette de
deux ans identifiait à ses perceptions antérieures
les dessins qu'on lui présentait, M. Clavière a
pu constater que le même dessin devenait pour
l'enfant, d'un mois à l'autre, le symbole de représentations variables.

Ainsi, pour cette enfant, une vue du Forum
romain, tirée de l'histoire classique de Duruy[1], a
successivement représenté, du 29e au 39e mois, un
chemin de fer (sans doute à cause de ses colonnes
decouronnées), un joujou, des bâtons, la ville où
l'enfant habitait, puis celle où passaient ses vacances.

Après ces premières images sont venues des
représentations plus complexes, où l'enfant, dis-
tinguant déjà la multiplicité représentative de la
gravure, associait deux sortes d'images séparées
dans la réalité : le fond du dessin lui représentait
alors sa ville de résidence et les colonnes du temple
de Saturne étaient pour elle la représentation d'un
chemin de fer. La discrimination des éléments
représentatifs commençait à se faire.

Cette opération capitale de l'esprit humain est
cependant encore bien imparfaite et bien mal
établie, car l'enfant revient parfois aux interprétations précédentes et ne voit dans son image autre
chose qu'un « train », négligeant les maisons de

---

1. Nous devons à l'obligeance de MM. Hachette et Cie le prêt
du cliché de cette figure ; v. l'observation, p. 134-137.

Fig. 2.

l'arrière-plan : 15 jours après, nouveau retour à l'interprétation simpliste d'une vue de ville.

Le premier semestre de la troisième année a été particulièrement curieux à étudier : on voit l'enfant tâtonner, essayer et modifier successivement ses interprétations, faire intervenir déjà des sentiments ou des impressions personnelles et les joindre à ses souvenirs pour ramener au courant de sa vie mentale cette image qui ne ressemble à rien de ce qu'elle a l'habitude de voir : c'est de sa part, un effort d'explication, plus encore qu'un effort de perception.

A partir de là, l'enfant entre nettement dans la voie des interprétations ; elle n'est plus embarrassée pour raccorder à ses autres images cette image extravagante. Dans cette vue d'un coin de ville qu'elle ne peut reconnaître et que nos souvenirs historiques seuls peuvent animer, tout a pour elle un sens ; et les moindres détails se précisent pour des interprétations où l'arbitraire tient encore la plus grande place.

Ici, elle voit les lignes où passe le chemin de fer ; là, ce désordre d'habitations et les colonnes dressées comme des échafaudages représentent une fête foraine avec ses manèges et ses tirs ; plus loin, un tas de cailloux, un enfoncement de terrain, quelque obscur retrait simulent à sa pensée enfantine une ouverture de cave, une caverne, l'antre du père Fouettard dont l'ombre émeut sa sensibilité d'enfant.

Voilà pour la fantaisie ; mais d'ailleurs il se joint à cela des détails d'une étonnante précision et que l'enfant n'aurait certainement pu voir ni surtout percevoir l'année d'auparavant. Maintenant elle distingue parfaitement les larges lignes ombrées qui sillonnent le sol à certains endroits (et dont elle fait des ornières, par souvenir de ce qu'elle a vu la veille) ; elle aperçoit des portes, des fenêtres dont elle rapproche le dessin de celles qu'elle a coutume de voir ; elle assimile à l'église de Château… le dôme aperçu derrière l'arc de Septime-Sévère, etc. Et l'on voit se dégager peu à peu, entre la troisième et la cinquième année, tout un ensemble de perceptions sinon exactes, du moins très précises, et qui cadrent assez bien avec les impressions objectives, sinon historiques, fournies par la gravure.

Cette même gravure, présentée au cours de la neuvième année, a provoqué de tout autres perceptions ; à ce moment, les acquisitions mentales, étant beaucoup plus considérables, permettent de rapprocher les interprétations bien plus près de la réalité. Sans doute il ne s'agit pas des ruines du Forum, mais l'enfant voit déjà que ce sont des ruines ; rien ne lui permet de reconnaître les colonnes d'un temple romain ; mais elle sait que ces colonnes et ces ruines n'appartiennent pas à une habitation ordinaire : c'est un édifice spécial, un château ou « quelque chose comme ça ». Tout l'ensemble lui éveille l'idée d'incendie, de destruction et de dévastation, et les blocs de pierre isolés à droite, éveillent l'image d'un cimetière.

N'est-ce pas en ce rôle d'éveil que se résument, pour l'adulte, les activités de perception ?

A un autre point de vue et par d'autres expériences, nous avons pu apercevoir quel est, à divers âges de l'enfant, l'état de cette réserve d'images où il puise pour se formuler en représentations les impressions qui lui viennent des sens.

Peut-on parler d'une évolution progressive dans l'imagerie mentale de l'enfant? Il le semble bien, surtout si l'on veut rapprocher ce qui précède des documents suivants, que nous avons recueillis en demandant à des élèves d'école maternelle de nous dessiner des objets que nous leur faisions palper, sans leur permettre de les voir [1].

Les dessins tactiles traduisent bien mieux que les dessins visuels le degré de développement des images mentales de l'enfant, parce que pour visualiser ses impressions tactiles, l'enfant est constamment obligé de puiser dans sa réserve subjective d'images visuelles ; en sorte que son plus ou moins de facilité à transformer l'impression tactile en visuelle est pour nous l'indice

---

[1]. Ces objets étaient les mêmes que ceux que nous avons employés pour suivre les transformations d'images chez l'adulte : v. p. 114.

du plus ou moins de richesse de sa réserve
d'images visuelles et de leur plus ou moins de développement.

L'enfant ne dessine pas comme l'adulte, pour
une double raison. D'abord à cause de son
peu d'habileté manuelle ; mais surtout parce que
ses représentations visuelles sont plus frustes et
plus incomplètes que les nôtres, et qu'il ne voit
pas aussi bien que nous l'objet qu'il regarde
comme nous. Nos perceptions actuelles sont le
produit de sens patiemment éduqués ; elles
sont complétées grâce à l'apport fourni chaque fois par nos perceptions antérieures. L'enfant
n'est pas aussi développé, ses perceptions ne sont
pas aussi complètes que les nôtres et ne le deviennent que peu à peu.

Ces expériences sur des enfants de cinq à
huit ans, élèves d'écoles maternelles, ne pouvaient
donc être conduites comme chez l'adulte, précisément parce que les images mentales de cet âge
beaucoup moins développées, ne fournissent pas
aussi facilement les éléments nécessaires aux
transformations d'impressions tactiles en images
visuelles. Il a donc fallu supprimer le premier
degré de l'expérience, celui où l'adulte se contente de recevoir l'objet sur la paume de la main,
sans aucun mouvement pour le palper : dans
ces conditions, il lui faut reconstituer à l'aveugle d'après quelques points de contact l'image
entière suggérée, à titre de simple hypothèse, par

ces vagues repères. L'enfant de qui la réserve d'éléments représentatifs est encore trop pauvre ne peut se livrer à ce travail; force avait donc été de commencer par le second degré de l'expérience et de permettre d'emblée de palper les objets minutieusement, les yeux fermés bien entendu.

Encore, n'avons-nous obtenu en procédant ainsi que des images frustes, analogues à celles que l'adulte obtiendrait par simple contact. Chez l'enfant, la palpation la plus méticuleuse n'élève pas les représentations au-dessus de ce qu'un simple contact donne à l'adulte. L'enfant ne peut donc avoir que les images du second degré.

Mais ces images, telles quelles, sont des plus intéressantes à étudier, parce qu'elles marquent stade par stade, les progrès du développement représentatif chez l'enfant; en outre, elles sont en quelque sorte parallèles à celles du premier degré chez l'adulte. Il est facile de s'en assurer en comparant ces deux séries de dessins (fig. 3 et 4) dont les uns reproduisent ce que l'enfant se représente en palpant l'objet à loisir, et les autres ce qu'éveille chez l'adulte le contact simple du même objet.

Les stades de développement de l'image sont d'ailleurs analogues à ceux que l'on peut observer chez les adultes plus ou moins habiles à débrouiller leurs impressions.

I. — Dessins d'adultes après le simple contact

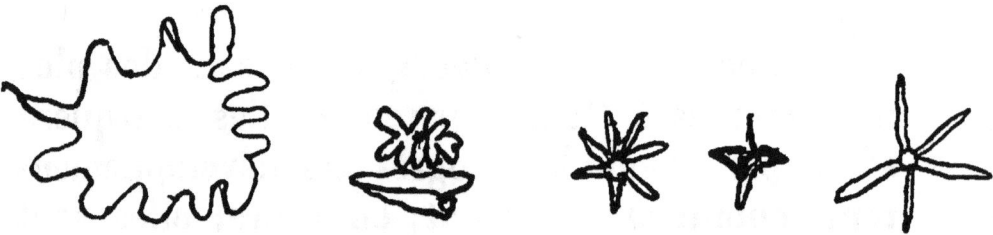

II. — Dessins de 5 enfants après la palpation

Fig. 3.

L'image la plus fruste, chez l'adulte, était celle d'un objet rond, creux au centre, ou strié de rainures représentant les branches d'une étoile : les enfants dont les représentations tactiles étaient tout élémentaires nous ont dessiné un objet rond frangé d'une quantité indéfinie de pointes. Mais le nombre de ces pointes a diminué dès qu'on s'est adressé à des enfants dont le toucher ou la visualisation étaient plus développés : il s'est enfin réduit, comme chez certains adultes, à cinq ou à quatre pointes représentant, selon l'expression des sujets, une étoile ou une croix. — C'était un premier pas : l'enfant passait d'une représentation indéfinie à une image nette quoiqueinexacte : seulement il lui avait fallu pour cela palper l'objet des deux mains, tandis que le simple contact donnait cette image à l'adulte.

A un degré plus élevé, l'objet est encore mieux perçu : non seulement l'enfant s'aperçoit que le nombre des pointes est limité, mais encore il sent qu'elles ne sont pas égales ; il distingue des différences de relief, des creux, des saillies et leur rapport avec l'ensemble, bien qu'il ne puisse, jusqu'à présent, deviner que c'est une fleur de lys ; très vaguement il note des renflements et des étranglements.

Enfin la physionomie de la fleur va toute se dégager, d'abord en accusant davantage les deux pointes à droite et à gauche, et les séparant du fer de lance et du pied de la fleur ; puis en les

Fᵢɢ 4

Image (palpée) de la fleur de lys à trois stades différents, chez six
enfants dont le sens perceptif est à divers degrés de développement
A partir de la 2ᵉ figure, le dessin de la perception se rapproche nota-
blement de celui de l'adulte.

contournant grossièrement. Encore un degré à franchir, et l'enfant leur donnera, comme un artiste malhabile, la forme grossière d'une fleur de lys.

Quand il en est là, l'enfant se donne à peu près, en palpant l'objet, les mêmes représentations que l'adulte.

II

Les quelques indications qui précèdent n'offrent que des vues éparses sur la naissance et la formation de nos premières images, c'est-à-dire sur le début de leur évolution ; celles qui suivent permettront au contraire de suivre cette évolution en prenant sur le fait les procédés par lesquels se transforment les images de l'adulte.

Pour cela, nous avons étudié à ce point de vue les images visuelles de cinq objets : une vis à tête plate, un bouton de tailleur, une petite médaille montée en épingle de cravate, un crochet à tableau formé d'une fleur de lys en cuivre estampé et un petit masque japonais en plâtre laqué.

L'expérience consistait d'abord (le sujet ayant fermé les yeux) à déposer l'un des objets sur la paume de sa main droite qui devait rester immobile ; il fallait, d'après ce contact très simple et tout superficiel, se former l'image d'un objet qu'on n'avait pas encore vu. Dès que cette représentation mentale semblait assez définie, l'objet était enlevé, et le sujet devait, sans l'avoir vu, dessiner l'image donnée par ce simple contact.

Cela fait, et les yeux refermés, le même objet lui était remis en main : il pouvait, cette fois, le

palper et le contourner, de manière à s'en former
une représentation mieux définie et plus exacte,
qu'il dessinait ensuite comme la première. Cette
seconde image était, chez les adultes, tellement plus
complète que la première, qu'ils croyaient imaginer
un objet tout autre et s'étonnaient du peu de
perspicacité de leur premier contact. On montrait
alors l'objet : la vue donnait une troisième image
assez peu différente de la précédente, et l'expérience était close comme si elle eût été définiti-
vement terminée. — Mais au bout de 15 ou
20 jours, sous prétexte de notes égarées ou de
dessins perdus, je redemandais un nouveau
dessin de celles des images dont le souvenir avait
persisté : la même demande se renouvelait encore
un mois après, sous d'autres prétextes, toujours
en donnant l'impression que ces dessins seraient
les derniers. Du jour où les raisons plausibles ont
manqué, la série a été interrompue.

Les expériences ainsi conduites avec six
adultes[1] nous ont donné, en l'espace de sept mois,
environ 130 images, qui présentaient, au point
de vue de nos recherches, le double avantage
d'être l'œuvre même du sujet, puisqu'elles expri-
maient la transformation de ses images tactiles en
images visuelles, — et de toujours pouvoir être
dessinées par lui, sans effort et sans retouche,

---

1. Cinq élèves du laboratoire et M E. G... dont nous avons
étudié l'audition colorée avec M. Binet en 1892.

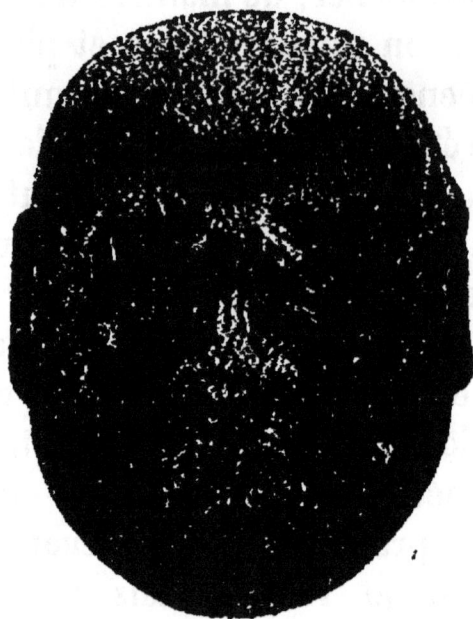

Fig 5

puisqu'il ne s'agissait que de reproduire à nouveau ce qu'il avait déjà pu dessiner, quelle que fût sa maladresse à manier le crayon. Elles étaient donc les images les meilleures pour nous permettre de suivre ces transformations.

Ajoutons enfin que nous avons surtout étudié les images du second degré, celles qui sont venues après le simple contact et avant l'image visuelle : il faut, en effet, pour offrir matière à nos transformations, une complexité que ne donnerait pas l'image tactile du premier degré.

Ces transformations se rencontrent chez tous les sujets et pour tous les groupes d'images, mais à des degrés et avec des caractères différents ; elles semblent d'ailleurs d'autant plus intenses que l'image est plus complexe ou plus compliquée et se font ordinairement selon trois directions différentes. Tantôt l'image tend à disparaître ; tantôt, au contraire, elle se précise, mais en prenant une autre forme et en passant dans un autre groupe d'images ; tantôt enfin elle se rapproche peu à peu du type général représentant le groupe dont elle fait partie.

Dans le premier cas, on peut dire que l'image disparaît par confusion ou par abstraction, en devenant vague et indécise au point de ne pouvoir être dessinée, ou bien en se vidant de tous ses détails, au point de n'être plus qu'un schème de l'objet à représenter. — Au contraire, nous la voyons, dans le second cas, remplacer par d'autres les détails qui lui donnaient son individualité propre et se transformer ainsi en une image qui ne cesse pas d'être concrète, mais qui passe peu à peu vers un type différent. — Enfin, dans le troisième cas, qui nous semble le plus fréquent, l'image évolue par une série de transformations faciles à suivre, vers une image type représentant à elle seule l'ensemble du groupe d'où ressortissait l'image dessinée,

La première sorte d'image tend à disparaître ; la seconde change de type, et la troisième se généralise.

I. — Lorsque l'image tend à disparaître, elle le fait de deux manières fort différentes : en l'une on voit les détails s'atténuer successivement et s'éliminer les uns après les autres ; en l'autre, l'image s'embrouille et devient si confuse qu'elle cesse bientôt d'être représentative et que le sujet ne peut plus la dessiner ni même en retrouver le simple souvenir verbal. L'un et l'autre cas se présentent surtout pour les objets communs, sur lesquels l'attention ne marque généralement aucun point de repère, ou pour les images confuses d'objets qui n'avaient pu être exactement décrits. En ce dernier cas, l'image disparaît assez vite, surtout chez les enfants et les personnes qui hésitaient d'abord entre deux ou trois inter-

prétations de leurs sensations tactiles. L'image
paraît donc être d'autant plus tenace qu'elle a
davantage de points de repère fermement établis
en notre esprit ; c'est d'ailleurs naturel, car ces
points aident à la fixer et à la maintenir ; mais
nous verrons aussi qu'étant plus subjectifs qu'elle,
ils vont l'influencer et la modifier.

Ceci dit, suivons l'élimination d'une image qui
s'abstrait, par exemple celle du bouton. Au moment où le sujet palpe cet objet pour s'en former
l'image, il y distingue [1] un certain nombre de
détails qui l'individualisent ; ce sont, par exemple,
outre la grandeur et la forme générale, l'aspect
particulier de l'ouverture et de l'anneau par lequel passent les fils pour coudre le bouton, ce
sont aussi les lettres du nom du tailleur, etc.,
formant à la surface des reliefs sensibles au toucher ; souvent même, sans pouvoir les lire, on
devine que ce sont des lettres. Certains sujets les
indiquaient par des zigzags qu'ils ont généralement
conservés ensuite ; d'autres par des lettres quelconques, afin de bien montrer qu'ils avaient
perçu des lettres. Mais le plus souvent, pour le
bouton comme pour le camée de l'épingle, le
dessin de l'image se réduisait à des lignes concentriques plus ou moins régulières. Ces lignes,
d'abord assez nombreuses au début, devenaient

---

1. Notons en passant qu'il y a les sujets qui savent palper,
comme il y a ceux qui savent regarder.

de plus en plus rares dans les dessins suivants, jusqu'au moment où le sujet dessinait un schème de bouton, objet commun et banal, mais non *le bouton* qu'il avait palpé et dessiné la première fois. L'image particulière avait disparu par élimination des détails qui l'individualisaient; désormais, une image commune et banale la remplaçait.

Au contraire, lorsque l'image disparaît par confusion au lieu de se généraliser par abstraction, on voit les diverses lignes du dessin se fondre et s'embrouiller. La première image avait été assez nette, mais généralement peu exacte; les suivantes prennent de plus en plus l'aspect confus d'un dessin mal lavé ou d'un relief écrasé par l'usage, jusqu'au moment où le sujet se rappelle bien qu'il avait vu un objet, mais ne peut plus le représenter ni même dire exactement quel il était. Il n'avait pour ainsi dire conservé que la place de l'image, le souvenir de l'endroit qu'elle avait occupé : il se rappelait avoir eu une représentation sans pouvoir la retrouver. C'est précisément le dernier degré avant la disparition et l'oubli complet, où l'on ne se souvient même plus qu'il y eût un souvenir à la place maintenant vide. Il est évident que, dans ce cas, l'imagination n'avait plus aucun rôle à jouer, n'ayant plus aucune matière sur laquelle opérer.

II. — Dans un second groupe d'images, nous

voyons apparaître un tout autre genre de transformation : certains détails tombent, comme
dans les cas d'abstraction ; mais en même temps,
d'autres s'accusent davantage, deviennent les
grandes lignes et dominent tout le dessin ; ils le
transforment ainsi graduellement en une représentation très nette et très individuelle, mais qui
ressort d'un autre groupe que la représentation
primitive. On en peut voir un exemple typique
dans les dessins ci-joints de la fleur de lys en
cuivre estampé. Au début, l'image est de contours vagues et plutôt indiqués que dessinés ; les
lignes irrégulières et peu accentuées ne donnent
qu'une image flottante : on voit que le sujet n'est
pas encore bien sûr de ce qu'il faut représenter,
et que sa main est mal guidée par la représentation mentale : ce sont partout des retouches et
des approximations successives, sauf pour un
détail très particulier : le carré du centre représentant le trou pour engager le crochet à tableau.
Ce n'est qu'un détail : mais il est vu nettement.
Et cependant ce trait particulier est précisément
celui qui disparaîtra le premier : dès la seconde
image il n'existe plus, et tout l'effort de visualisation mentale se concentre sur les contours pour
les préciser. A l'insu du sujet, ce travail va transformer l'image et la faire passer d'un groupe de
représentations dans un autre.

Pour cela, les contours deviendront d'abord à
la fois moins exacts et plus précis : ils se dédou-

I — 25 nov. 1895.

II — 9 déc. 1895.

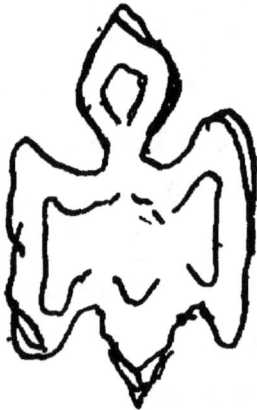

III — 14 janv. 1896.

IV — 11 mai 1896.

V — 26 juill 1896

Transformation de l'image palpée de la fleur de lys — Au IV, le premier dessin, jugé peu exact, a été raturé

Fig. 6.

bleront en deux lignes ou trois lignes concentriques, encore brisées, mais d'un dessin plus net que dans l'image précédente. Puis les angles du carré du milieu s'arrondissent et s'écartent, en même temps que se précise au bas de l'image une sorte de losange qui va devenir le centre de transformation du tout. Un mois après, cette transformation générale est si bien indiquée dans ses grandes lignes que l'image semble s'être retournée ; le losange, qui était encore ouvert, s'est fermé et bordé d'une seconde ligne assez nette qui s'effile en pointe comme la lance de la fleur de lys. En bas, la ligne est devenue indécise : on hésite entre une pointe et une arête horizontale servant de base à la figure, et le dessin indique les deux. Au milieu, les divers tronçons des lignes concentriques se rejoignent et commencent à dessiner les contours de la figure qui paraîtra à la période suivante ; enfin tout est beaucoup plus net qu'au début, mais il ne reste presque plus rien du dessin primitif.

La transformation est achevée et l'image semble fixée trois mois plus tard. Après un premier essai qui ne le satisfait pas (quoiqu'il se rapproche plus que le voisin de la troisième figure), le sujet dessine une image intermédiaire entre la fleur de lys et la croix grecque, plus rapprochée cependant de celle-ci. Les deux branches latérales et l'inférieure sont devenues égales, comme dans la croix grecque : la branche supérieure s'effile encore en pointe, mais c'est tout ce qui reste de l'influence exercée sur le dessin primitif par les contours de la fleur de lys. D'ailleurs, l'ensemble est tracé d'une ligne très nette et nous sommes loin des hésitations et des retouches du début. Évidemment il s'agit ici d'une image très précise, qui représente avec des contours très arrêtés : ajoutons d'ailleurs que le sujet est convaincu qu'il reproduit ses précédents dessins. Cette conviction n'est d'ailleurs pas dénuée de tout fondement : en examinant et comparant attentivement les dessins, on voit que certaines hachures, des petits détails, des lignes redoublées ou renforcées se retrouvent en plusieurs dessins aux mêmes endroits ou à des places symétriques. Cette persistance de certains détails a pu masquer à la conscience les modifications subies dans l'ensemble par cette image mentale ; mais sur les dessins mis en ligne elles apparaissent et permettent de voir comment l'image, sans s'obscurcir ni devenir un schème abstrait, est passée peu à peu dans un autre groupe de représentations.

III. — La généralisation de l'image nous semble le cas de transformations le plus fréquent, du moins chez l'adulte, et l'évolution mérite ici d'autant plus d'attirer l'attention que ces transformations ne concordent pas entièrement avec ce qui a été dit des images composites. D'après ce que nous avons vu, ces images

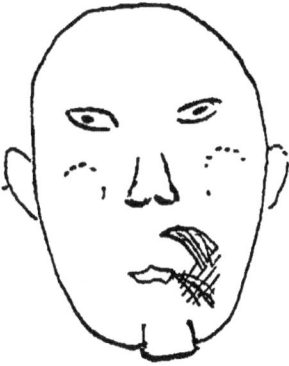  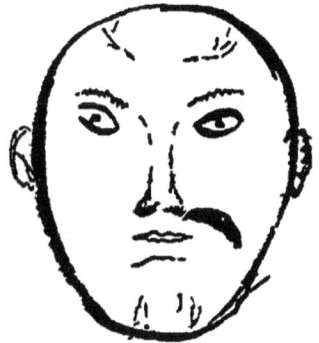

I — 25 nov. 1895.   II — 9 déc. 1895.   III — 14 janv. 1896.

Fig. 7

Fig 8.

IV — 29 mai 1896.

V — 20 juillet 1896.

paraissent évoluer vers un type préexistant qui exerce sur elles une sorte d'attraction : il sera facile de comprendre ce qui se passe alors en comparant les dessins successifs du masque japonais et en examinant les détails de la physionomie.

Au premier dessin, les yeux obliques, comme dans la race jaune, sont inclinés diagonalement du bord externe du sourcil vers la base du nez ; ils n'ont ni cils ni sourcils. Ceux-ci apparaissent quinze jours après, en même temps que, en sens inverse, change la position des yeux, maintenant très obliques du nez vers les joues. Un mois après, cette obliquité a diminué et les sourcils, au lieu d'être représentés simplement par des lignes superposées, sont figurés par de petites hachures qui rejoignent le nez. Cependant ce sont encore des yeux de Chinois : ils deviendront, trois mois après, horizontaux comme dans un masque européen et tout l'ensemble du visage se sera modifié dans le même sens.

Maintenant (III) les sourcils, droits et nets, ne rejoignent plus la racine du nez ; et les cils, absents dans le masque primitif, n'ont pas encore apparu : ils ne viendront compléter l'image qu'au dessin suivant. bordant d'une façon très irrégulière des yeux surmontés de sourcils épais. Ces yeux ont donc subi toute une série d'évolutions lentes pour aller du type particulier sous lequel ils s'étaient d'abord présentés, au type

général et usuel dont se sert le sujet : celui de
la physionomie européenne [1].

On pourrait faire les mêmes remarques pour la
courbe du front, l'indication des pommettes (sail-
lantes dans le type chinois et qui ont disparu dès
le troisième dessin) et enfin les rapports du nez,
de la bouche et du menton. Ce dernier était
d'abord représenté par une sorte de carré à arêtes
nettes, parce qu'il était d'un relief très accentué ;
mais ce carré s'est atténué dès le second dessin et
n'a plus été indiqué, au troisième, que par des
pointillés et des hachures vagues ; tout s'est enfin
réduit ensuite à quelques traits indiquant l'ombre
d'un menton ordinaire vaguement estompé.

L'évolution des oreilles n'est pas moins inté-
ressante à suivre : elle accentue encore les indications précédentes. Sur le masque original, elles
étaient très peu accusées : aussi furent-elles d'abord
indiquées par un simple pointillé très vague.
Mais dès le second dessin, elles ont tendance
à se préciser. Au troisième dessin apparaît vaguement l'ourlet de l'oreille ; quelques hachures
indiquent les autres détails nettement, mais c'est
encore peu de chose. Enfin la quatrième figure
offre un dessin d'oreilles très net, et l'on voit même

1. Il semble d'ailleurs que chaque imagination ait son type
particulier du visage humain, créé par le milieu. Une directrice
d'école maternelle nous montrait des enfants israélites dessinant
naturellement dans le type de leur race les premières figures qu'ils
crayonnent.

Image tactile
par simple contact

Image palpée.

I — 29 novembre 1895

Coupe du masque
(image ajoutée)

Image palpée et visuelle
ensemble

II — 12 décembre 1895

Fig 9.

Image palpée seule
l'image tactile paraissant disparue

III — 15 janvier 1896

Image dite *v suette* par le sujet:
représente l'image palpée modifiée.

IV — 13 avril 1896.

A

B

Image tactile

Image visuelle.
(Le sujet n'arrive plus
à distinguer B de l'image palpée)

V — 4 juin 1896

Image palpée
(l'image tactile a disparu).

Image visuelle.

VI — 15 juillet 1896

Fig. 10

PHILIPPE.

9

dans la cinquième le conduit auditif externe. Ici encore l'image s'est donc précisée par des détails qui n'existaient pas dans l'original, mais lui ont été rajoutés, venus peu à peu du type banal et commun auquel se rattachait l'image particulière et primitive.

Un seul détail n'a pas varié. Quoique le masque japonais présentât une paire de moustaches très sensibles au toucher, le sujet n'avait perçu et. dessiné que la moustache gauche. C'était une anomalie : elle a été conservée avec une persistance digne de remarque. Sans rechercher pourquoi le dessin se présentait ainsi, on pourra se dire que cette anomalie fut conservée précisément pour avoir fixé l'attention plus que le reste et s'être imprimée dans la mémoire si profondément que l'imagination n'a pu la faire varier. Peut-être même a-t-elle servi à certifier au sujet la fidélité d'un souvenir qu'il a constamment cru exact dans tous ses détails : en réalité il ne l'était qu'en ce point fort secondaire et subissait pour tout le reste l'influence attractive et directrice de l'image-type qui commande à tout le groupe.

Sur les figures 9 et 10, qui ont été fournies par un autre sujet, le lecteur trouvera facilement à observer des transformations analogues à celles que nous venons de décrire.

III

La conclusion de ces recherches est facile à tirer.

A côté de nos souvenirs immobiles et fixes, vivent des images mentales mobiles et instables. Sous des influences profondes, dont il faudrait sans doute chercher l'origine surtout dans les sentiments et l'inconscient, ces images varient et se transforment suivant certaines directions : les expériences qui précèdent en mettent quelques-unes en lumière, sans prétendre cependant fixer tous les types de transformations.

D'autres expériences pourront étendre cette classification : les exemples que nous avons donnés sont uniquement destinés à représenter ce qui se passe pour des images quelconques, banales, que le sujet n'a pas fixées en les immobilisant par une attention spéciale[1]. Elles permettent de prendre sur le vif un phénomène, resté jusqu'ici voilé, de notre vie mentale.

D'ailleurs, à bien regarder en nous, ce ne sont pas seulement nos images mentales qui se transforment, se désagrègent et se fondent les unes

1. Rappelons que les sujets ont été laissés jusqu'à la fin des expériences dans l'ignorance du but de ces recherches.

dans les autres, les plus faibles dans les plus fortes ; le même fait n'a-t-il pas aussi lieu pour nos souvenirs, sous des influences et selon des lois qu'il faudrait également dégager, mais qui procèdent tout autrement, leur matière étant profondément différente? Par une constante application de la loi d'économie, les détails inutiles tombent et disparaissent, pour faire meilleure place à ce qui est nécessaire à l'ensemble. Toute vie normale se développe ainsi.

Et si l'on voulait aller plus loin encore, ne pourrait-on dire que ces transformations représentent en petit, dans la vie de chaque individu, ce qui se passe en grand dans la vie de l'humanité?

Qu'est-ce qu'une image mentale, sinon l'expression et l'aboutissant de tout ce travail qui se fait en nous et hors de nous pour éclaircir la conscience, et pour intellectualiser à la fois les impressions qui nous viennent du dehors et les sentiments qui surgissent en nous? L'image est donc la résultante de multiples influences du dehors et du dedans. Et comme ces influences n'agissent pas seulement sur l'individu en tant que personne, mais l'influencent aussi comme partie d'une agglomération sociale, on peut dire qu'il n'y a pas que des images personnelles à chacun de nous; il existe aussi des images sociales, communes à tous les individus d'un même clan, d'une même race, d'un même groupe et c'est précisément par elles que tous ces individus sont en communion mentale. Or, pourquoi ces images d'un ordre plus général n'auraient-elles pas, ainsi que les autres, leur vie, leur évolution et leur mort? Dans la pensée qui traverse les siècles, les idées naissent, vivent et meurent comme les mots qui les expriment, comme les images qui les supportent, et leur vie reproduit ainsi largement ces transformations dont nous venons de présenter quelques cas particuliers.

OBSERVATION[1]

*Changements dans les images mentales provoquées chez une
petite fille par une vue du Forum romain.*

L'enfant observée est actuellement âgée d'une dizaine d'années :
elle est née à Bail..., en août 1893 : de novembre 1893 à mai 1894,
elle a habité Saint-Flo .; de mai 1894 à décembre 1901, Château ..

La gravure était présentée à l'enfant en lui demandant simplement : *qu'est-ce que c'est ?* Cette demande était répétée autant
de fois qu'il le fallait ; quelquefois j'ajoutais : *est-ce tout ?*

Les observations ont été commencées lorsque l'enfant avait à peu
près 2 ans et demi (exactement 29 mois moins 3 jours)

A 29 *mois.* — Un chemin de fer.

A 30 *mois.* — Un joujou.

A 30 1/2. — Des bâtons

A 32 *mois* — C'est Château ..

A 33 1/2. — C'est Bail,...

A 34. - - Château... (dans le fond)[2] et un chemin de fer (les
8 colonnes du temple de Saturne).

A 35 *mois.* — C'est un train.

A 35 1/2. — Des maisons.

A 38 *mois* (3 *ans* 2 *mois*). — C'est là que passe le chemin de
fer (l'enfant montre les lignes parallèles que présente le sol entre
les ruines du temple de Vespasien et l'arc de Septime Sévère. Noter
que l'enfant revenait de vacances et avait passablement voyagé en
chemin de fer)

3 *ans* 2 *mois* 1/2. — C'est une balance (les 8 colonnes du
temple de Saturne) ; là, de l'eau (le sol au-dessous des arcades,
tout près de l'arc de Septime Sévère. Noter que le pont de Château... sur la Marne a des arcades de pierre) ; là, des maisons (les
maisons du fond).

1. Reproduite telle que l'a recueillie M. Clavière.
2. Les parenthèses indiquent les parties du Forum désignées par
les gestes de l'enfant.

FIG 11.

3 ans 3 mois. — C'est là que le train passe (lignes sur le sol, entre les ruines du temple de Vespasien et l'arc de Septime Sévère) et alors la petite fille passe là et est tuée avec sa maman et son papa.

3 ans 4 mois 1/2. — C'est le train qui monte par cette route-là (les mêmes lignes que plus haut) et alors c'est la cloche qui sonne là (le bâtiment du dôme) et là c'est la cave avec les loups (l'amas de pierre du coin droit, en bas).

3 ans 5 mois 1/2. — C'est par là (entre les colonnes du temple de Vespasien et les maisons blanches qui se trouvent derrière elles) que vont les madames pour aller à la noce à cette église-là (le bâtiment du dôme), et alors à cette autre église (l'arc de triomphe). Les petits enfants passent ici (les 8 colonnes du temple de Saturne) et vont à Baill... (maisons au fond à droite) près de M... (une de ses cousines qu'elle aimait beaucoup) et ici dans la cave (débris de pierres au coin droit en bas) c'est le père Fouettard.

3 ans 6 mois 1/2. — C'est des jeunes filles qui passent là (entre les 3 colonnes du temple de Vespasien et les maisons blanches qui sont derrière à gauche), car c'est la noce, là (bâtiment du dôme) ; ça (les débris de pierre du 1er plan), c'est les cailloux près de la cave. Là (les lignes parallèles déjà citées) c'est où passe, tu sais, le train pour aller près de M... à Paris.

3 ans 7 mois 1/2 — Je te dis toujours que c'est les dames qui passent là (voir plus haut), ça, c'est la cloche de l'église (bâtiment du dôme), ça, c'est où père Fouettard demeure (débris de pierres du 1er plan à droite), ça, c'est encore une cave à père Fouettard (débris de pierres du 1er plan à gauche), ça, encore une cave à père Fouettard (les arcades près de l'arc de Septime Sévère), c'est là que le train passe (les maisons dans le fond à droite du côté du Colisée ; depuis le 2 mars nous habitons à 100 mètres de la ligne de chemin de fer et nous voyons de nos fenêtres les trains passer dans l'intervalle des maisons qui nous séparent de la voie ferrée), ça, c'est où demeure marraine (maisons derrière les colonnes du temple de Vespasien. — Nous avons reçu quelques jours auparavant une photographie de la maison de sa marraine).

3 ans 10 mois 1/2. — Ça, c'est une église (bâtiment du dôme), là, une échelle (3 colonnes du temple de Vespasien), là, une porte (la fenêtre de la maison blanche derrière les 3 colonnes), là, encore une église (arc de triomphe), les hommes passent là (entre les 8 colonnes du temple de Saturne) ; ça, c'est Baill... (maisons derrière les 8 colonnes) et ça, Paris, tout loin (le Colisée et ses environs), c'est là où le père Fouettard demeure (pierres du 1er plan à gauche), là, c'est la terre et l'escalier pour monter (les ruines en escalier du soubassement des 8 colonnes).

4 ans 2 mois 1/2. — Là, c'est un buffet comme celui de la salle

à manger (bâtiment du dôme) et il y a aussi du papier par-dessus
(à ce moment, il y avait au-dessus de notre buffet un jouet assez
volumineux, une cuisinière recouverte d'un papier pour éviter la
poussière : l'enfant montre le dôme). Là, tu sais, la fête, où il y
a des chevaux de bois, eh bien, tout près, c'est comme ça, il y a
en haut un tic-tic, et en bas on frappe avec un marteau et ça fait
tic-tic (l'enfant montre les 3 colonnes — à noter que le 1er novembre, c'est la foire de Château... et l'enfant y avait remarqué sans doute une tête de Turc qui se trouvait précisément à côté
d'un manège de chevaux de bois). Là c'est la maison du père
Fouettard (les pierres du 1er plan à droite), là c'est l'église où il
y a un curé dedans et à la porte tu vois le rideau qui se lève
quand on passe (arc de triomphe), là c'est tout des maisons (l'enfant en montre une et dit) : tu vois la porte où papa regarde (l'enfant montre alors la fenêtre de la maison blanche de gauche, la
même que le 2 juillet 1897 — *à 46 mois 1/2* — et dit) : çà,
c'est une fenêtre et on ouvre comme ça (et elle fait le geste voulu),
là c'est la route où il pousse des cailloux et qui a des ornières (les
lignes parallèles du sol entre les 3 colonnes et l'arc de triomphe)
(à noter que la veille nous avions passé dans une route mal
empierrée) ; les 8 colonnes sont des portes par où les madames
passent parce que par là (le sol en bas) il y a un trou.

4 ans 7 mois. — Les petits enfants passent là (les 8 colonnes)
pour aller chez père Fouettard qui les met dans la terre. Quand
on veut enterrer, on met une caisse dans la terre, et ça y est. —
Là c'est comme à la fête, un tic-tic (les 3 colonnes — voir au 3
novembre 1897). — Quand on va à Saint-Flo..., on va par là (les
lignes parallèles du sol du Forum) par la rue là le long du mur
(derrière l'arc de triomphe).

9 ans 2 mois. — Je présente la gravure, l'enfant rit à ma demande et dit sur instance : Je ne sais pas, c'est à toi, père (l'enfant,
à qui j'ai souvent recommandé de ne pas toucher à mes papiers,
veut dire que je dois savoir ce que c'est, mais pas elle). L'enfant
après 4 instances, dit enfin : C'est un château démoli, brûlé, quelque chose comme ça (les 2 groupes de colonne) ; voilà un autre
château (le bâtiment du dôme) : c'est peut-être Saint-Flo... (le
tout) — ici des pierres, des morceaux de bois, il y a eu un incendie
(tout le premier plan) — là n'est-ce pas un cimetière (second plan
à droite), là un pont (entre le bâtiment du dôme et les lignes
parallèles) — là des nuages (le ciel) et c'est tout (malgré plusieurs
instances).

CONCLUSION

——————

En décrivant si longuement un cas très particulier de notre activité mentale, nous avons voulu présenter un fait vivant de l'esprit qui le montre en mouvement, au lieu de l'observer, comme d'habitude, au repos.

C'est donc, sous une forme élémentaire, une étude de physiologie mentale.

Il y a deux façons bien différentes de concevoir la physiologie de l'esprit.

On y peut voir une étude qui s'attache aux phénomènes extérieurs et somatiques de notre activité mentale et cherche les équivalents organiques de certains caractères des phénomènes de l'esprit. — C'est le sens où on l'entend le plus ordinairement, en lui donnant, par analogie à celle du corps, le nom de physiologie. C'est alors surtout une étude objective.

Mais la véritable physiologie mentale n'est-elle

pas, au contraire, celle qui se place au point de vue subjectif et s'efforce de saisir subjectivement, en eux-mêmes et par leur autre face, les divers mécanismes d'échanges, d'actions réciproques et de constante évolution qui caractérisent la vie intérieure de l'esprit ?

Ainsi entendue, la physiologie mentale devrait suivre les divers stades et comme les périodes de croissance de nos activités mentales directement observées, abstraction faite des intermédiaires par lesquels et à travers lesquels nous avons coutume d'en prendre conscience. Alors chaque phénomène n'apparaîtra plus comme une individualité distincte et séparée de son entourage ; il sera un moment de cette activité qui revêt des formes si diverses pour adapter à des circonstances différentes sa spontanéité constante. — Conception qui n'implique d'ailleurs nul oubli des conditions extérieures ou somatiques ; seulement elle n'en fait pas son objet propre et, tout en s'y appuyant, elle se préoccupe plutôt d'observer directement l'esprit, pour le voir vivre.

Mais cette façon de comprendre la physiologie mentale suppose avant tout que l'on ne se confine plus dans les anciennes descriptions topographiques où les Écossais, en souvenir de Locke, enfermèrent toute Psychologie.

Le principe de Locke, au point de vue qui nous

occupe, consista précisément à appliquer à la psychologie ce que Descartes avait inauguré pour la philosophie et à prendre comme centre unique la conscience. De cette voie largement ouverte, les Écossais poussèrent en tous sens des investigations patientes : elles aboutirent à un minutieux catalogue des états accessibles à la conscience. Les autres furent laissés dans l'ombre.

Mais les états de conscience sont-ils bien le tout de notre esprit ? — Leur énumération même (abstraction faite des lacunes) est-elle bien exacte ? On vient à en douter, rien qu'à voir les remaniements imposés depuis quelque temps à cette topographie des facultés. Tels phénomènes, autrefois totalement inconnus, prennent aujourd'hui une place qui absorbera bientôt leurs voisins ; et cependant ils étaient si mal prévus au plan primitif qu'il a fallu patiemment compulser les bibliothèques philosophiques pour en trouver trace et leur faire une vague généalogie : les précurseurs les ignoraient.

Dans ces conditions, l'énumération et la classification écossaises sont-elles autre chose que d'élémentaires et factices essais ? On doit même se demander, après cette première constatation, si la conscience a vraiment droit au rôle capital qui lui fut ainsi départi.

Est-ce vraiment cet irrécusable et véridique témoin que tous les manuels se plaisent encore à nous décrire ? N'est-elle, au contraire, rien qu'une vue superficielle et bornée, un regard étroit sur un seul côté de notre vie mentale, laquelle se développe largement par ailleurs ? Ce que nous avons vu des images mentales incline fort à ce second sens.

Certes, on n'a pas à faire ici le procès de la conscience psychologique : cependant, pourquoi ne pas noter rapidement qu'elle encourt, depuis quelques années, bien des reproches d'inexactitude ?

C'est que, depuis quelques années, constamment va s'accentuant le désaccord entre ce qu'observe en nous cette conscience et ce qu'enregistrent les procédés d'investigation de la psychologie expérimentale. — Et ce n'est pas seulement la psychologie objective, armée de tout son appareil scientifique, qui lui reproche certaines erreurs capitales : notre introspection même (de qui la conscience semble l'unique organe), dès qu'elle réussit à saisir autrement nos phénomènes internes, les voit aussi tout autres et profondément changés. Ainsi la conscience voyait immuables, au même titre, le souvenir et l'image associés : dissociée, l'image nous est apparue mobile comme toute représentation qui évolue. Le même phénomène a donc changé d'aspect en passant de l'une à l'autre observation : de là à dire que la conscience déforme les phénomènes qu'elle colore, il n'y a qu'un pas. Faut-il le franchir ? — En tout cas, il paraît bien que la conscience ne voit qu'un côté de nos actes, et peut-être le moindre.

Sans rechercher si tous ces reproches ne dérivent pas d'une source unique et commune, bornons-nous à constater ici que l'ancienne classification, n'admettant que ce que peut observer la conscience, s'est limité forcément à une étude de l'esprit au repos et de ses états immobiles : c'est pourquoi elle ne permet pas de dépasser une œuvre de patiente dissection, apte à isoler et cataloguer méthodiquement de multiples facultés. A cette anatomie de cadavre la psychologie contemporaine doit substituer une physiologie prise sur le vivant.

Mais pour y réussir, il ne suffit plus d'observer nos phénomènes internes comme des états immuables, car ni au repos ni à l'immobilité on ne demande le secret de la vie. Il faut au contraire, pour la saisir, savoir en suivre pas à pas les multiples transformations, leurs actions et réactions, et la suite des stades qui marquent ses progrès ou ses décroissances. C'est dire que de telles recherches dépasseront souvent le point de vue étroit de la conscience : elles sont cependant toujours possibles à l'observateur attentif et patient qui leur sait adapter d'autres moyens d'investigation, plus larges que cette introspection. — Sans doute, en procédant ainsi, ces moyens donneront souvent de tout autres indices que ceux de la conscience : où donc est la nécessité de leur préférer toujours les données de conscience acceptées comme d'irrécusables témoignages ? Ces données n'ont, comme tout autre, que leur valeur personnelle, sans rien d'absolu : c'est pourquoi, en cas de conflit, c'est, en dernier examen, le contrôle méthodique qui doit seul décider, au lieu d'accorder d'emblée et malgré tout, comme on fait souvent par habitude irréfléchie, pleine créance à la conscience.

Il ne s'agit plus, en effet, dans de telles recherches, de découvrir simplement le regard de la conscience sur nos phénomènes immobilisés devant elle ; il faut, au contraire, surtout savoir ce que sont en plein mouvement de réalité ces états vivants que la conscience ne connaît que par leurs phases de repos et d'inertie. C'est pourquoi il faut chercher à les voir directement en eux-mêmes, au lieu de n'en étudier que le reflet dans la conscience. Celle-ci ne peut saisir que des apparences : la vie est plus profonde.

Étudier la vie de l'esprit, c'est donc suivre nos activités mentales à travers leurs multiples transformations et les observer sous leurs divers états : c'est voir comment et par quelles étapes une activité passe d'un état à un autre pour se transformer encore, et sans cesse, tant que durera sa vie : et derrière tout cela, c'est constamment s'efforcer de découvrir les conditions et de trouver les sources de ces changements. Pour cela il ne faut se borner à étudier ici un état et ailleurs un autre :

il ne suffit même de s'attacher à un seul état en
se contentant de le suivre à lointains intervalles,
sous des formes si différentes qu'on n'y puisse
retrouver les traces du passage de l'une à l'autre
et comme le secret de sa vitalité propre. — Bien
plutôt, il faut en faire l'histoire entière et s'efforcer
de la reconstituer pas à pas, de la naissance à la
mort, et de suivre toutes ses transformations liées
et qui s'expliquent les unes par les autres, ce
qui seul peut donner la formule de la vie. Ainsi,
pour une image, n'est-il pas nécessaire de l'étudier d'abord en ses origines, y cherchant comment
elle est née et s'est formée ; puis de voir de quels
éléments elle est ainsi faite, et enfin comment,
après s'être constituée, elle tend à se transformer
en évoluant vers une autre forme qui l'amoindrit
ou l'amplifie. Alors seulement, ceci fait, on pourra
voir comment agissent les uns sur les autres les
divers éléments qui la composent, comment leur
ensemble influe les images et les états voisins et
comment aussi il reçoit le contre-coup ou l'impression de nos modifications intellectuelles ou
sensorielles. Car sa vitalité même nous empêche
de considérer tout cela comme un système immobile et fermé. C'est un vivant, et comme dans
tout vivant, constamment de mutuelles actions
et réactions modifient la texture de l'image en
cours, adjoignent ou retranchent des éléments,
pénètrent et transforment la masse et, parfois
même, l'absorbent toute en d'autres où elle se dis-

sont et s'assimile pour les accroître de ses éléments propres.

Ce qui est vrai de l'image l'est-il moins de nos autres états mentaux ? et de tout le reste de notre esprit ?

Chaque forme de notre activité mentale s'exprime en actes qui ont chacun leurs progrès et leurs décroissances, leurs maladies, leurs déformations et leurs tares. Et la physiologie de l'esprit, au sens où on l'entend ici, est faite de toutes ces études. Ce sont elles qui permettront de suivre, en les observant ainsi, les aspects divers de leur croissance, les phases optimes et celles de dépression ou de repos, les moments critiques et les minutes décisives dans l'évolution d'une image, par exemple ; évolution qui retentit sur tout le reste de notre vitalité, plus ou moins, selon son importance et son action ambiante. Ce sont des constatations de ce genre qui nous révéleront plus tard pourquoi certaines images subsistent malgré tout et, malgré nos efforts, s'imposent irrésistiblement à nous : et pourquoi d'autres meurent jeunes et, à peine apparues, disparaissent du cours de notre vie mentale. La faiblesse des unes et l'extraordinaire vitalité des autres s'expliqueront quand nous aurons été à leur source, quand nous les aurons analysées et décomposées en leurs éléments et retrouvé leurs racines profondes dans la constitution même qui leur sert de substrat.

N'est-ce pas ainsi qu'il faut chercher, en dernier ressort, le mécanisme des idées fixes, de certaines hallucinations et de nombre de psychoses où les maladies de l'image jouent un si grand rôle ? Mais pour déceler en cette image l'élément morbide, celui qui peut-être porte en soi le germe de tout le mal, il ne suffit pas de l'examiner de haut et dans sa généralité : à regarder de si loin, on voit mal le détail des choses. Il faut avoir la patience de l'analyse, aidée de tous les autres moyens d'observation.

A un autre point de vue, n'est-ce pas encore à des procédés de ce genre qu'il faudra demander le secret des évolutions et des transformations que paraît offrir, à divers âges, le type mental de chaque individu ? S'il est vrai, comme semblent le constater nombre d'études de ces dernières années, que nous ayons, au début de la vie, une autre formule imaginative qu'à l'âge mûr et que nous nous représentions et, par conséquent, concevions tout autrement les choses, n'est-il pas permis de voir dans les transformations de nos images mentales et dans ces évolutions que nous avons essayé de saisir au passage, une manifestation limitée de ces multiples changements dont l'ensemble s'exprime, en dernière résultante, par ces transformations de type mental qu'on vient de signaler ?— Pas plus que sa constitution somatique, la constitution mentale d'un individu ne reste immobile : elle grandit, se transforme, évolue graduellement de la naissance à la mort; en sorte que partout, soit que nous considérions des états minimes et particuliers, soit que nous observions l'ensemble et le fonctionnement général de nos activités mentales, nous retrouverons les mêmes formules vivantes.

L'image, en ses formes si mobiles et muables, n'est qu'un cas particulier de la vie de l'esprit.

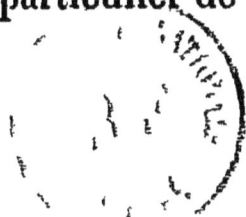

TABLE DES MATIÈRES

INTRODUCTION

CHAPITRE PREMIER

ANALYSE DE L'IMAGE MENTALE

CONCLUSION

CHARTRES, — IMPRIMERIE DURAND, RUE FULBERT.

www.ingramcontent.com/pod-product-compliance
Lightning Source LLC
Chambersburg PA
CBHW050015100426
42739CB00011B/2656